Brigitte Haas-Gebhard
Marathon
Schlacht • Mythos • Lauf

Brigitte Haas-Gebhard

Marathon

Schlacht · Mythos · Lauf

ISBN 978-3-347-23433-8 (Paperback)
ISBN 978-3-347-23434-5 (Hardcover)
ISBN 978-3-347-23435-2 (e-Book)
© Brigitte Haas-Gebhard, München 2021. Graphik & Satz: gebhard, München.
Verlag & Druck tredition GmbH, Halenreie 40-44, 22359 Hamburg.
Umschlagfoto: Marmortorso aus Daphni, ca. 490 v. Chr. Nationalmuseum Athen.

Inhalt

Zum Start!

Marathon – das Wort alleine ist ein Mythos. Jeder verbindet irgendetwas damit und sei es, dass er sich jährlich über die Straßensperren anläßlich eines Wettkampfes in seiner Stadt ärgert oder voll ungläubigen Staunens einmal die Leistung eines Eliud Kipchoge oder einer Paula Radcliffe bewundert hat, die die Marathonstrecke in Fabelzeiten gelaufen sind. Unter Freizeitsportlern gilt man unangefochten als KönigIn der Athleten, wenn man sich an die 42,195 km auch nur heranwagt und umso mehr, wenn man diese sogar einmal durchgestanden hat – Frauen dabei noch mehr als Männer! Natürlich gibt es da noch alle möglichen Ultra-, Berg-, Ultrabergläufe über 100 km, 1000 Höhenmeter und noch weitere extreme Läufe, aber der Mythos hängt nun einmal an dem Wort MARATHON (in griechischer Schrift ΜΑΡΑΘΩΝ), das mittlerweile so in den modernen Sprachgebrauch aller europäischer Sprachen übergegangen ist, dass damit nicht nur das Laufen, sondern alle möglichen Anstrengungen von langer Dauer bezeichnet werden. Der namengebende Ort Marathon, etwas nordöstlich von Athen am Meer gelegen, ist heute nicht unbedingt beeindruckend, auch nicht gerade so pittoresk wie man sich ein griechisches Dorf vorstellt. Es ist eine einfache verstreute Landgemeinde mit etwas über 30.000 Einwohnern, die v. a. vom Gemüseanbau und Tourismus lebt. Von großer Bedeutung ist der Stausee nördlich des Ortes, der die Wasserversorgung der Großstadt Athen sichert. Zahlreiche Einwohner des Riesen-Molochs Athen haben in der Ebene von Marathon ihre Zweitwohnsitze, an denen sie die Wochenenden oder Ferien verbringen. Aber natürlich ist Marathon vor allem der Schauplatz einer antiken Schlacht, die die Legende begründete.

Bücher zum Thema Marathon gibt es ohne Ende, eine einfache Suche bei einem großen (dem größten) Internethändler in der Rubrik „Bücher" ergab über 2000 Treffer zum Stichwort Marathon. Bei den meisten dieser Bücher handelt es sich um Laufratgeber; möchte man etwas über den historischen Hintergrund des Marathonlaufes erfahren und kombiniert in der Suchmaske Marathon und Geschichte, erhält man „nur" noch 116 Treffer- die meisten davon beinhalten allerdings Erlebnisgeschichten über das Marathonlaufen. Will man aber ernsthaft forschen, so erbringt eine erste Recherche bei der Bayerischen Staatsbibliothek 139.870 wissenschaftliche Aufsätze zum Thema Geschichte und Marathon im Allgemeinen. Auch wenn sich darunter einige sportmedizinische Abhandlungen finden, heißt das Nichts anderes, als dass die internationale wissenschaftliche Literatur allein zur antiken Schlacht auch für die Fachfrau kaum mehr überschaubar ist. Nahezu jedes überlieferte Detail wurde und wird kontrovers diskutiert. Mein Ziel ist es jetzt nicht, alle diese Kontroversen im Detail darzustellen, bei vielen habe ich mich in der Darstellung für die mir am wahrscheinlichsten erscheinenden Version entschieden. So hoffe ich, die interessantesten Informationen zum Thema „Marathon und seine Geschichte" zusammenzufassen und für den historischen Laien (hoffentlich weitgehend) verständlich darstellen zu können. Dies geschieht dabei immer durch die Brille der aktiven Marathonläuferin, wodurch einige antike Ereignisse durchaus in einem etwas anderen Licht erscheinen.

Eigentlich kennt jeder, der sich mit dem Thema „Marathonlauf" beschäftigt oder selbst Marathon läuft, die Ursprungslegende. Nach einem Sieg gegen das persische Heer hätten die alten Griechen einen Boten mit der Siegesbotschaft nach Athen geschickt, der dann dort tot zusammengebrochen wäre. In Erinnerung daran wäre dann der Marathonlauf als sportlicher Wettkampf entstanden, der über 42,195 km Länge führt. Fragt man dann ein bißchen tiefer nach, z. B. wann genau das denn gewesen wäre und was die Perser da so eigentlich in Griechenland vorgehabt haben, erhält man dagegen meist nur recht unsichere Antworten. Gerne kommt dabei auch Alexander der Große ins Spiel, dessen Eroberung des Perserreiches und Feldzug nach Indien schon noch ziemlich fest in der historischen Allgemeinbildung verankert zu sein scheint. Die Schlacht von Marathon hat allerdings bereits knapp 150 Jahre vor der Geburt des großen Makedonenkönigs stattgefunden. Alexander der Große war ja eigentlich ein Makedone, dessen Herrschaftsbereich im heutigen nördlichen Griechenland und eben Mazedonien lag. Er galt in der Antike gar nicht als „Grieche", worauf man gerade in Athen immer sehr großen Wert legte und was den König immer sehr ärgerte. Den Persern, die mit einer Flotte angerückt waren, stand an einem Spätsommertag im Jahr 490 v. Chr. in der Ebene von Marathon nordwestlich von Athen ein zahlenmäßig deutlich unterlegenes Heer gegenüber. Die griechischen Soldaten waren Bürger der Städte Athen und Plataä.

GRAUE VORZEIT – ATHEN, GRIECHENLAND UND EUROPA

Ein „Griechenland" als Nationalstaat im heutigen Sinne gab es im 5. Jahrhundert v. Chr. noch nicht. Die Landschaft war vielmehr geprägt durch zahlreiche, voneinander unabhängige Stadtstaaten mit einem eigenen ländlichen Territorium. Und das waren eben nicht nur Athen und Sparta, die Protagonisten der späteren Zeit, sondern noch zahlreiche andere wie Korinth, Theben,

Tegea, Argos, Plataä etc. und nicht zu vergessen, die griechischen Tochtergründungen auf südfranzösischem, unteritalischem und kleinasiatischem (heute türkischem) Boden, wie Marseille, Syrakus, Neapel, Milet, Ephesos, Halikarnassos etc., um nur die berühmtesten zu nennen. Alle diese Städte hatten ihre eigene Regierung, ihre eigene Gesetzgebung, ihr eigenes Münzwesen, ihre eigene Hauptgottheit und ihr eigenes Militärwesen. Die Regierungsformen waren recht unterschiedlich, häufig herrschten abwechselnde, sich gegenseitig heftig bekämpfende Aristokratenfamilien, von denen einzelne Angehörige auch einmal die Alleinherrschaft (Tyrannei) ergriffen und entsprechend nannte man diese nicht Könige sondern „Tyrannen". Der negative Beigeschmack dieses Begriffs entstand erst später, weist aber darauf hin, dass diese Herrscher nicht unbedingt glücklich agierten oder besonders beliebt waren. In Athen machte man in dieser Zeit erste Gehversuche in Sachen Demokratie, wobei man damals darunter lediglich die Herrschaft aller erwachsener, frei geborener Männer verstand – Frauen und Sklaven spielten da keine Rolle. Diese zahlreichen griechischen Stadtstaaten waren häufig in unterschiedlichen Konstellationen miteinander verfeindet, gerne mischte man sich auch in die innerstädtischen Auseinandersetzungen anderer Städte ein, um sich einen Vorteil zu verschaffen. Athen bildete im 5. Jh. v. Chr. zusammen mit der heutigen Region Attika einen Stadtstaat von etwa 2.500 Quadratkilometern. Es war damit der zweitgrößte Flächenstaat nach Sparta und etwa 10 mal so groß wie ein „normaler" griechischer Stadtstaat in dieser Zeit. Die Stadt Athen muss man sich in dieser Zeit völlig anders vorstellen, als die großartigen antiken Baudenkmäler der Stadt heute vorspiegeln. Auf der Akropolis standen weder das Erechtheion mit seiner Korenhalle, noch die Propyläen. An der Stelle des Parthenon, des großen Athena-Tempels, stand ein wesentlich bescheideneres Göttinnenhaus. Das prächtige moderne Stadion, das heute den Zieleinlauf des alljährlichen Authentic Athens Marathon sieht, besaß zu dieser Zeit noch nicht einmal einen antiken Vorläufer. Von seiten der Kunsthistoriker gehört das Jahr 490 n. Chr. in die Übergangszeit zwischen der Spätarchaik und der Klassik, die auch als „Strenger Stil" bezeichnet wird. Statuen dieser Zeit zeigen im Gegensatz zu den älteren statuarischen Figuren der Archaik bereits eine deutliche Körperdarstellung sowie erste Ansätze einer bewegten Haltung mit Stand- und Spielbein. In der Vasenmalerei hatte gerade die rotfigurige Technik die schwarzfigurige abgelöst. Bei der schwarzfigurigen Malerei wurden Figuren und Szenen mit einem stark mineralhaltigen Tonschlicker auf das Gefäß aufgemalt, welche nach dem Brand dann schwarz auf dem roten Tongrund erscheinen (S. 40, Abb. 10). Raffinierter und komplizierter ist die rotfigurige Malerei, die das Verfahren quasi umkehrt – Figuren und Szenen werden rot ausgespart und das Drumherum schwarz bemalt. Bei den Philosophen beherrschen die sog. Vorsokratiker wie Heraklit oder Parmenides die Szene, die sicherlich die großen späteren Philosophen wie Sokrates, Platon oder Aristoteles beeinflusst haben, von deren Werken aber nur geringe, oft schwer zu deutende Bruchstücke die Jahrhunderte überdauert haben. Theaterstücke dieser Zeit werden dagegen heute immer noch aufgeführt, Teile der „Orestie" oder der „Perser" des Dichters Aischylos (525–456 v. Chr.) finden sich in modernen Bearbeitungen durchaus auf den Spielplänen von heutigen Theatern. Kaum einem Theaterbesucher dürfte aber bekannt sein, dass genau dieser Aischylos ein ruhmvoller Teilnehmer an der Schlacht bei Marathon gewesen ist.

Die griechischen und unteritalischen Stadtstaaten nahmen im 5. Jahrhundert in Europa kulturell die Spitzenplätze ein. Rom war zu dieser Zeit noch ein recht un-

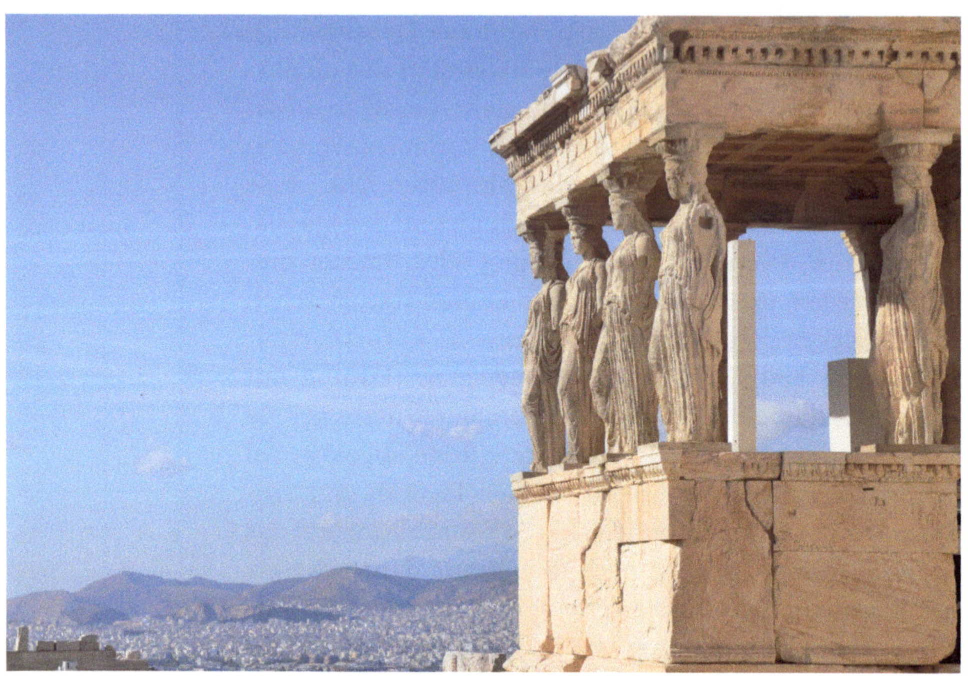

Abb. 1. Die Korenhalle des Erechtheion auf der Akropolis. Athen – in der Antike eine Metropole der Kunst und Kultur. Ihren großen Aufschwung erlebte die Stadt jedoch erst in den Jahrzehnten nach der Schlacht von Marathon.

bedeutendes Bauerndorf am Tiber, das aggressiv und expansionswillig gerade anfing, seine Nachbarn, die kulturell weit überlegenen Etrusker, zu überfallen. In Süddeutschland und von Frankreich bis nach Böhmen saßen die Kelten, die wie die Etrusker ebenfalls schon an der Schwelle zur Hochkultur standen. Sie besaßen bereits eine hierarchische Gesellschaftsordnung mit einer aristokratischen Oberschicht, wahrscheinlich auch geistliche Führer. Es gab große stadtähnliche Ansiedlungen, die auf eine arbeitsteilige Wirtschaftsstruktur schließen lassen und natürlich auch Verbindungen zum Mittelmeerraum, mit dem ein lebhafter Handel betrieben wurde, was sicherlich auch zu einem Austausch von Ideen und Vorstellungen führte. Die heldenhafte Verehrung von Verstorbenen, eine sog. „Heroisierung" lässt sich beispielsweise sowohl an den Gefallenen von Marathon wie an den etwa gleichzeitigen Keltenfürsten vom Glauberg (Hessen) erkennen – in beiden Fällen wurde den Toten durch gewaltige Grabhügel deutlich in der Landschaft sichtbare Denkmäler gesetzt, die bis heute die Landschaft prägen. Nach den archäologischen Funden – eine eigene schriftliche Überlieferung haben die Kelten, wie auch die Germanen, nicht hinterlassen – gab es bei ihnen differenzierte Religions- und Jenseitsvorstellungen sowie – zumindest in der Oberschicht – einen durchaus gehobenen Lebensstil. Der europäische Norden, etwa nördlich der Mittelgebirgszone, war dagegen in dieser Zeit wie in den Jahrtausenden davor noch geprägt von einer rein agrarisch strukturierten Gesellschaft, die ausschließlich ums Überleben bemüht war. Im archäologischen Material sind dort keine Ambitionen für Kunst, Literatur, Philosophie oder auch nur ästhetisches Gestalten sichtbar.

Persien – Die Supermacht

Das antike Reich der Perser dagegen wird im Guiness- Buch der Rekorde als das größte Reich aller Zeiten geführt. Es entstand in der Nachfolge der großen vorderasiatischen Reiche von Assur und Babylon. Als Kernland gilt die Region der heutigen Provinz Fars im Südwesten Irans. Unter einem Herrscher namens Kyros (ca. 590–530 v. Chr.), dem die Geschichtsschreibung dann auch den Titel „der Große" verlieh, entstand durch eine aggressive Expansionspolitik innerhalb von 25 Jahren ein Weltreich, das von der kleinasiatischen Küste bis nach Indien reichte. Einer seiner Nachfolger, Dareios I. (549–486 v. Chr.), der ebenfalls den Beinamen „der Große" erhielt, erweiterte und sicherte das Reich nach Norden, Westen und Osten. Ein Teil Nordafrikas, von Ägypten bis nach Libyen, stand dann ebenso unter persischer Herrschaft wie der Schwarzmeerbereich bis zur Donaumündung und die griechischen Städte Kleinasiens. Das persische Reich war eine Hochkultur, die wir weitgehend allerdings nur aus archäologischen Funden oder den Schriftzeugnissen, die zumeist Griechen angefertigt haben, kennen. Aus diesen können wir das Bild einer multikulturellen, vielsprachigen, in religiösen Angelegenheiten toleranten Gesellschaft erkennen, die allerdings absolutistisch, von einer zentralen Gewalt, dem Großkönig, regiert wurde. Pracht und Reichtum der Residenzen und Gärten des Großkönigs werden von griechischen Schriftstellern immer deutlich gerühmt, überaus beeindruckend sind bis heute die Überreste der königlichen Residenzen wie Persepolis oder Pasargadai. In einer Bauinschrift des Palastes von Susa lässt sich die einstige Herrlichkeit dieser Gebäude noch erahnen „...Balken aus Zedernholz wurden aus dem Libanon geholt. Yaka-Holz wurde aus Gandhara und Kirman geholt. Gold, das hier bearbeitet wurde, holte man aus Lydien und Baktrien. Edelsteine, nämlich Lapislazuli und Karneol aus Sogdien, Türkise aus Chorasmien, Silber und Ebenholz aus Ägypten..." Das riesige Reich wurde von Dareios in einer großen Verwaltungsreform in Provinzen, sog. Satrapien aufgeteilt. Die jeweiligen Provinzfürsten, die Satrapen, waren dem „Großkönig" verpflichtet, mussten diesem Heeresfolge leisten und Tribute zahlen. Im Kriegsfall – und es gab ständig Unruhen und Aufstände – konnten Truppenkontingente aus dem gesamten Reichsgebiet ausgehoben werden. Natürlich stand auch eine beeindruckende Flotte zur Verfügung, die vor allem

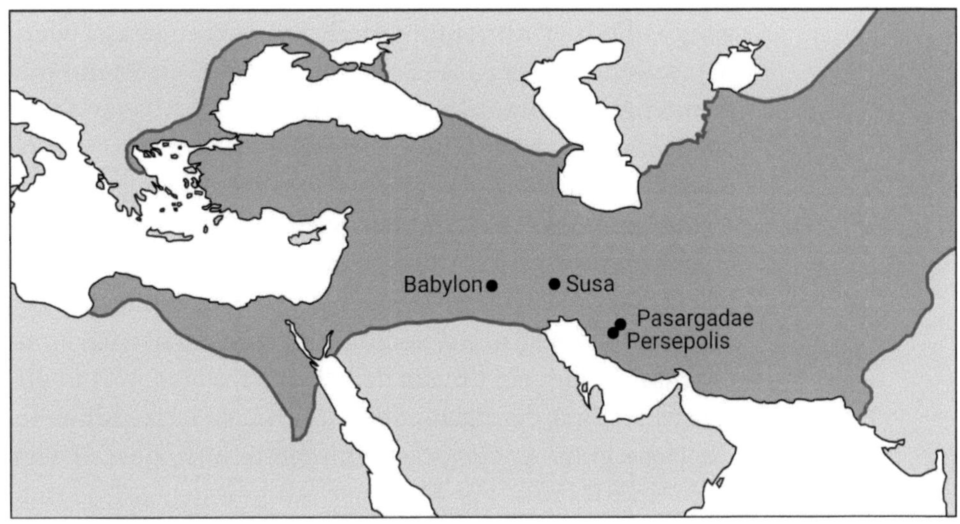

Abb. 2. Das Reich der Perser mit seinen Hauptstädten.

in Kilikien, an der heutigen türkischen Südküste stationiert war. Daneben gab es ein stehendes Heer, das in Garnisonen über das ganze Reich verteilt war und Einheiten, die für die Grenzsicherung zuständig waren. Die Elitetruppe war die königliche Leibwache, die im Kampf eingesetzt wurde und die man als die „Unsterblichen" bezeichnete. Diese namen allerdings an der Schlacht von Marathon nicht teil.

WARUM GRIECHEN VS PERSER?

Wie kam es jetzt eigentlich dazu, dass die damalige Supermacht in einen Konflikt mit kleinen griechischen Stadtstaaten gekommen war? Es waren verwickelte Vorgänge, die hier nur summarisch zusammengefasst werden sollen. Eine gewisse Rolle spielte dabei ein Mann mit Namen Aristagoras, der Alleinherrscher, also Tyrann von Milet war, das zwar eine griechische Stadt in Kleinasien, aber wiederum Teil einer persischen Verwaltungsprovinz (=Satrapie) war. Aristagoras wollte, offenbar aufgestachelt von naxischen Flüchtlingen in Milet, nun mit Hilfe der Perser auf die Insel Naxos übergreifen. Schon auf der Überfahrt kam er sich allerdings mit dem persischen Flottenkapitän (der ein Cousin des Königs Dareios war) in die Haare, so dass die Belagerung von Naxos letztendlich in die Hose ging. Aristagoras befürchtete nun, dass er von den Persern dafür zur Rechenschaft gezogen würde und wiegelte die anderen griechischen Städte in Kleinasien, die unter persischer Oberhoheit standen, zu einer Revolte auf. Er versuchte, auch im Mutterland Unterstützung zu gewinnen, die meisten Städte winkten da aber dankend ab. Nur Athen und die Stadt Eretria auf der Insel Euböa (heute Evia) schickten eine kleine Anzahl von Schiffen (20 + 5) zur Unterstützung. 499 v. Chr. konnte von den Rebellen zwar die bedeutende Stadt Sardes (die heute türkische Stadt Sart) eingenommen und geplündert werden, der Aufstand wurde aber dann sehr schnell von den persischen Truppen wieder niedergeworfen. Der persische Großkönig hatte seitdem aber sein wachsames Auge auf Athen und Eretria gerichtet, die auf seinem Territorium übergriffig geworden waren. Im Jahr 490 war es dann soweit: ein persisches Expeditionsheer wurde ausgeschickt, um Rache für die Plünderung von Sardes zu nehmen. Ziel dieses Perser-Feldzuges war also nicht eine Expansion des persischen Reiches, die Unterwerfung Griechenlands oder gar der gesamten westlichen Welt, wie es der spätere Mythos dann konstruierte, sondern eine Rache- und Bestrafungsaktion gegen gezielt zwei griechische Städte. Die Aufgabe der beiden persischen Kommandanten Datis und Artaphernes war klar: Eroberung und Plünderung von Eretria und Athen, Versklavung eines großen Teils der Bevölkerung dieser Städte, die man in das Herz des Perserreiches umsiedeln wollte und – im besten Fall – die Installierung eines perserfreundlichen Herrschers in Athen. Den idealen Mann dafür hatten sie schon gefunden: Hippias, den die Athener einige Jahre zuvor (510 v. Chr.) als Tyrann abgesägt hatten und der seitdem im Perser-Reich lebte. Er begleitete den Feldzug und konnte die persischen Kommandanten sicherlich bestens über alle innergriechischen Details unterrichten. Für eine solche Rache-Aktion wurde in Persien nicht die große Kriegsmaschinerie angeworfen. Genaue Angaben über die Zahlen der beteiligten persischen Soldaten sind kaum zu gewinnen, für deren Verhältnisse war es eine kleine Aktion ohne eine langfristige militärische, administrative oder logistische Vorbereitung. Symptomatisch für die geringe Bedeutung, die man diesem Geschehen in Persien zumaß, sind auch der Zeitpunkt und die Geschwindigkeit, mit der die Aktion vor sich ging. Spät im Sommer, erst im August, taucht die persische Flotte vor den Kykladen auf und rückt langsam und unaufgeregt, quasi im Island-Hopping, auf das griechische Festland vor. Normalerweise begannen die Perser ihre Feldzüge im Frühjahr. Der August ist ein später Zeitpunkt für Flottenbewegungen in der Ägäis, denn spätestens im Oktober beginnen dort die Winterstürme, die ein einfaches Vorwärtskommen erheblich erschweren können. Das vergleichsweise „gemütliche" Voranrücken der Flotte mit zahlreichen Zwischenstopps zeigt zudem deutlich, dass die Perser eine Anzahl an Pferden auf ihren Schiffen dabei hatten, die unterwegs große Mengen an Nahrung aufnehmen mussten. Bei den Schiffen handelte es demnach sicher eher um große Lastschiffe, als um Kriegsschiffe. Im August wird dann zunächst Naxos erobert (s. oben S. 16) und brutal geplündert. Die Insel sollte danach nie mehr Bedeutung erlangen. Davon verschreckt schickten andere Inseln daraufhin ängstliche Unterwerfungsbotschaften an die persische Streitmacht. Schließlich segeln die Perser vor Euböa in eine Bucht östlich von Eretria und belagern die Stadt, die nach sechs Tagen und heftigen Kämpfen erst durch Verrat fällt. Auch diese Stadt wird brutal geplündert, ein großer Teil der Bevölkerung versklavt und zunächst auf das kleine, nur 2 Quadratkilometer große Inselchen Aigilia (heute Stouronisi) vor Euböa verschleppt. Dann machen sich die Perser auf den Weg nach Marathon auf dem griechischen Festland, Luftline 25 km von Eretria entfernt, ankern die Flotte und beziehen ein Lager in der dortigen Bucht. Die Bucht von Marathon ist heute fruchtbares Bauernland mit einem breiten Sandstrand und dahinterliegendem Pinienwald – ein angenehmer Platz, um ein schönes Wochenende zu verbringen, wie es zahlreiche attische Großstädter heute machen, aber als Ausgangslager für einen Angriff auf Athen ist sie strategisch eher ungeeignet. Bei einem Angriff von Marathon aus wäre die Flotte vom Heer getrennt worden, was antike Feldherren immer zu vermeiden suchten und jeder Weg von Marathon nach Athen führt durch gebirgiges Gelände. In der Antike waren das keine ausgebauten vierspurigen Landstraßen sondern enge, unbefestigte, staubige und steinige Wege – wenig geeignet, um ein Heer, noch dazu eine Kavallerie, schnell voranrücken lassen zu können. Aber – die Bucht war ein guter Platz, wenn man längere Zeit mit Pferden lagern wollte, wasserreich und voller Futter. Die Perser wurden ja von dem Athener Hippias begleitet, der zuvor „Tyrann" von Athen gewesen war und dort immer noch eifrige Unterstützer hatte. Man lagerte also und wartete zunächst einmal ab, ob sich die Stadt Athen, die sicherlich von den persischen Massakern auf Naxos und Euböa erfahren hatte, nicht doch einfach ergeben würde. Dort agitierte ent-

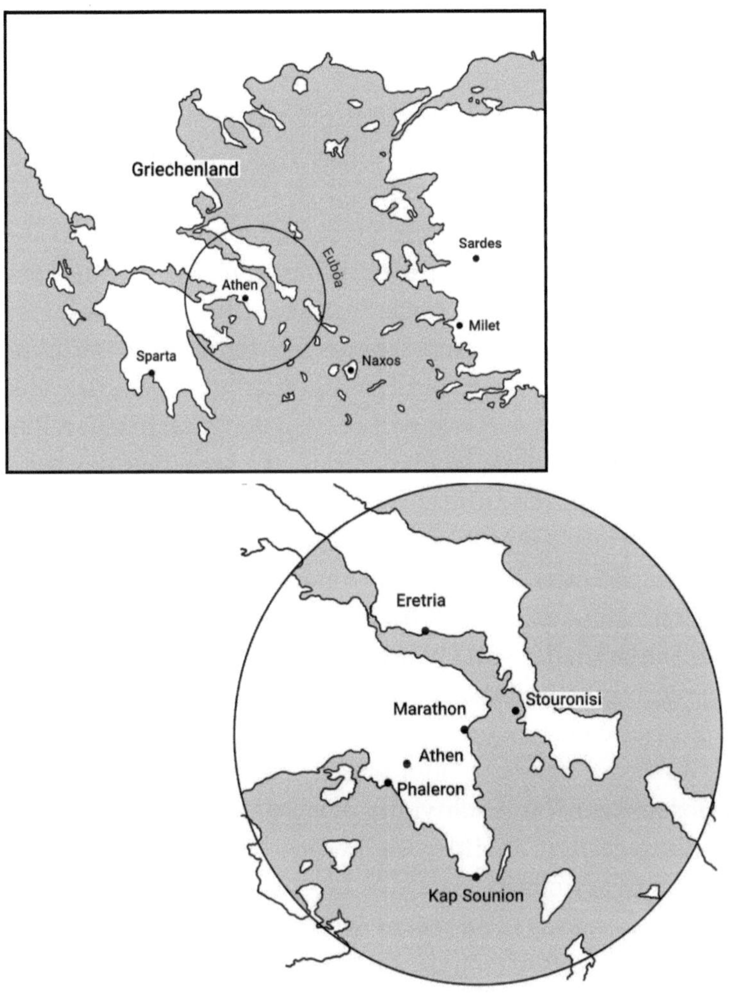

Abb.3. Das Konfliktfeld zwischen Griechenland und Persien.

sprechend eine pro-persische Partei. Zum Lagern war die Bucht von Marathon optimal geeignet und für einen Angriff wäre man dann schnell um die Südspitze Attikas, das Kap Sounion, herumgesegelt.

Von Augenzeugen und vom Hörensagen

Woher wissen wir eigentlich etwas über diese Schlacht, die vor 2500 Jahren stattgefunden hat? Spuren davon sind tatsächlich noch im Gelände selbst, aber auch in Form von archäologischen Funden in verschiedenen Museen zu sehen. Schriftliche Berichte sind aber nur sehr wenige erhalten und die bergen noch dazu verschiedene Probleme: Einseitig sind sie allemal, denn wir haben nur Berichte von der griechischen Seite und keinen einzigen, der aus persischer Sicht verfasst wurde. Von den griechischen Berichten erhalten hat sich auch nur das, was über das Mittelalter hindurch immer und immer wieder in Klöstern abgeschrieben wurde und das muss nicht unbedingt das wichtigste oder korrekteste Dokument gewesen sein. So haben wir heute keinen einzigen zeitgenössischen Bericht der Schlacht, der von einem Augenzeugen oder gar einem der Kämpfer verfasst worden wäre. Alle Schlachtenberichte sind erst mehrere Jahrzehnte oder gar Jahrhunderte nach der Schlacht entstanden, beruhen also auf dem „Hörensagen". Wie schwierig es ist, daraus eine objektive, realitätsgetreue Schilderung heraus zu finden, kann man sich gut vorstellen.

Häufig haben die antiken Schriftsteller auch noch eine bestimmte Intention, sie sind keine neutralen Kriegsberichterstatter. Sie wollen belehren, einen propagandistischen Zweck erfüllen oder auch einfach nur unterhalten. Zudem sind alle Berichte von einer Mythenbildung überwuchert, die offenbar bereits kurz nach der Schlacht massiv einsetzte. Der umfassendste Bericht zur Schlacht von Marathon stammt von Herodot, der allgemein als „Vater der Geschichtsschreibung" gilt, da er sich tatsächlich um einen neutralen Standpunkt bemüht eund durchaus gründlich recherchierte, aber auch ein faible für besondere Anekdötchen hatte. Herodot schrieb seine Historien erst in der Mitte des 5. Jahrhunderts v. Chr., also etwa 30–40 Jahre nach Marathon, er hat aber wahrscheinlich noch mit Augenzeugen oder gar Schlachtteilnehmern gesprochen. Er schrieb für einen attischen Leserkreis und liefert einen nüchtern- sachlichen Bericht der Schlacht, der allerdings bereits von der Legendenbildung um den Feldherrn Miltiades geprägt ist. Weitere Berichte stammen dann u.a. von dem Geschichtsschreiber Thukydides (454–399/96 v. Chr.), dem römischen Schriftsteller Cornelius Nepos (um 100–28 v. Chr) in der Biographie des Miltiades, von Plutarch und von Pausanias (2. Jh. n. Chr.), der eine Art Reiseführer für Athen und Attika verfasste. Bei der folgenden Schilderung der Abläufe habe ich mich jetzt nicht auf einen einzigen dieser Gewährsmänner verlassen, sondern habe versucht, aus den unterschiedlichsten Schilderungen und dem entsprechenden Hintergrundwissen auf das wahrscheinlichste Szenario zu schließen.

Die Soldaten und ihre Bewaffnung

Die persischen Truppen, die in Marathon landeten, waren kampferprobte Profikämpfer, denn Dareios hatte allein im ersten Jahr seiner Thronbesteigung schon 19 Schlachten geführt. Nach den wenigen Quellen, die wir haben, scheint es sich um eine „internationale" Truppe aus dem gesamten persischen Reichsgebiet gehandelt zu haben. Neben den Persern selbst, die als Elitetruppe in der Mitte der Schlachtreihe kämpften, werden ausdrücklich noch die Saken erwähnt, deren Herkunft man im heutigen Kasachstan am Aralsee vermutet. Mit Sicherheit ist von einer zahlenmäßigen Übermacht auszugehen, wie hoch diese wirklich war, ist schon eine Frage der Legende. Die persische Bewaffnung und Kampfweise war den

Griechen wohlbekannt. Sie begannen den Kampf normalerweise mit einem Hagel aus Pfeilen und Schleudergeschoßen. Wenn die beiden schwer bewaffneten Schlachtlinien aus Fußsoldaten dann aufeinandertrafen, griff die persische Reiterei zusätzlich auf den Flanken an. Der persische Geschoßhagel war gefürchtet, Berichte schildern, dass dieser so dicht war, dass die Sonne verdunkelt wurde. Die persischen Infanteristen waren dagegen eher leicht gewappnet. Nach Vasenbildern kämpften sie in Fellmützen, bunten Hosen und langärmeligen Hemden mit kurzen Speeren, Bögen und einem geschwungenen einschneidigen Schwert. Ihre großen, rechteckigen Schilde bestanden offenbar nur aus Leder und Weidenzweigen und dienten in erster Linie dazu, den Bogenschützen eine Deckung zu bieten. Die Reiterei war ganz ähnlich ausgestattet, ergänzt um Helme aus Metall. Oftmals entschied die persische Reiterei die Schlacht, die Pferdezucht besaß bei ihnen einen enorm hohen Stellenwert, wir wissen von riesigen Pferdefarmen und mindestens zehn verschiedene Pferderassen, die allesamt den griechischen Pferden gegenüber als überlegen galten.

Die Griechen dagegen: ein stehendes Heer gab es in keinem Stadtstaat (außer Sparta), die Bürger waren die Soldaten, die ihre Ausrüstung selbst zahlten. Bei einer Einberufung mussten alle an die Waffen, Adlige oder Bauern – das war Bürgerpflicht, aber eben auch Bürgerrecht und machte den Unterschied zu Frauen oder unfreien Sklaven aus. Athen, und damit war immer die ganze Region etwa des heutigen Attika rund um die Metropole gemeint, war in 10 „Stadt"-Teile, die man „Phylen" nannte, untergliedert. Jede Phyle stellte für die Schlacht bei Marathon ein Bataillon von etwa 1000 Mann Bürgern – man rechnet damit, dass noch eine ungenaue Anzahl von Unfreien für Hilfsdienste dabei war. Man kämpfte in einem Bataillon gemeinsam mit seinen Verwandten und Nachbarn, was psychologisch sicher nicht ganz unwichtig war. Jedes Bataillon hatte einen eigenen Anführer, den sog. Strategen, die sich täglich in der Befehlsgewalt ablösten. Dazu gab es eine Art Oberbefehlshaber oder Kriegsminister, den man Polemarch nannte.

Die wichtigste Defensivwaffe war ein runder Schild, griechisch „Hoplon", nach dem man die attischen Fußkämpfer allgemein auch „Hopliten" nennt. Diese Schilde waren aus Eisen, Bronze oder bronzeverkleidet und poliert, so dass sie im Sonnenlicht glänzten und spiegelten. Neben ihrer Schutzfunktion konnte man in der Schlacht mit ihnen die Gegner blenden und niederstoßen. Die charakteristische Helmform der griechischen Marathonkämpfer war der sog. korinthische Helm mit starren Wangenklappen, der das Gesicht weitgehend bedeckte. Nicht erhalten haben sich zumeist die gewaltigen Helmbüsche, die – als psychologisches Moment – das Erscheinungsbild enorm vergrößerten. Ein Panzer bedeckte den Oberkörper, er konnte aus Metall ebenso wie aus Leder oder einem gefestigten Leinengewebe bestehen, er wurde über einem dünnen hemdartigen Untergewand getragen. An den Unterschenkeln, die vom Schild nicht gedeckt werden konnten, trugen die Hopliten Beinschienen aus Metall, manche besaßen auch noch entsprechende Schienen für die Unterarme.

Die wichtigste Angriffswaffe war der etwa 2 bis 2,5 m lange Speer, der allerdings nicht als Wurfspeer genutzt wurde. Oberhand oder unterhand geführt, setzte man ihn ausschließlich zum Stoß ein. Für den Nahkampf stand dem Hoplit ein 60 bis 70 cm langes, einschneidiges, im vorderen Teil gebogenes Hiebschwert ähnlich einem Säbel zur Verfügung. All diese Waffen hatten ein enormes Gewicht, man darf von etwa 20 kg ausgehen, allein die Beinschienen wogen zwischen 1 und 2 kg. Häufig sieht man griechische Kämpfer auf antiken Darstellungen aber

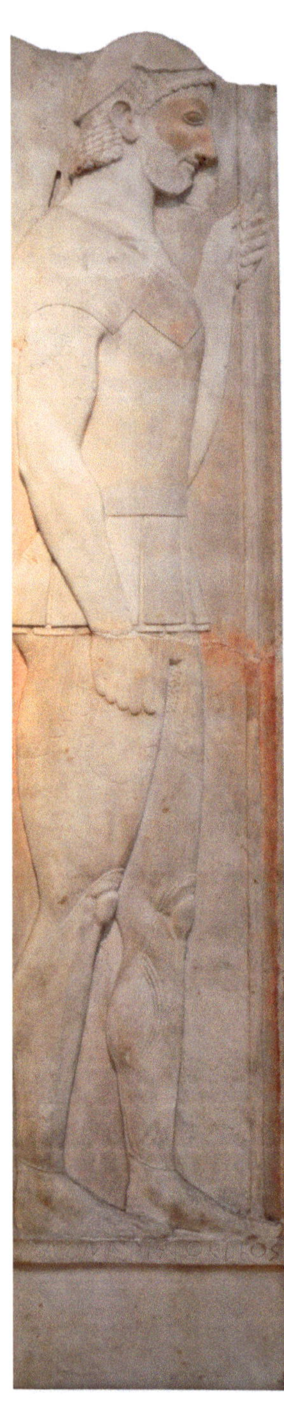

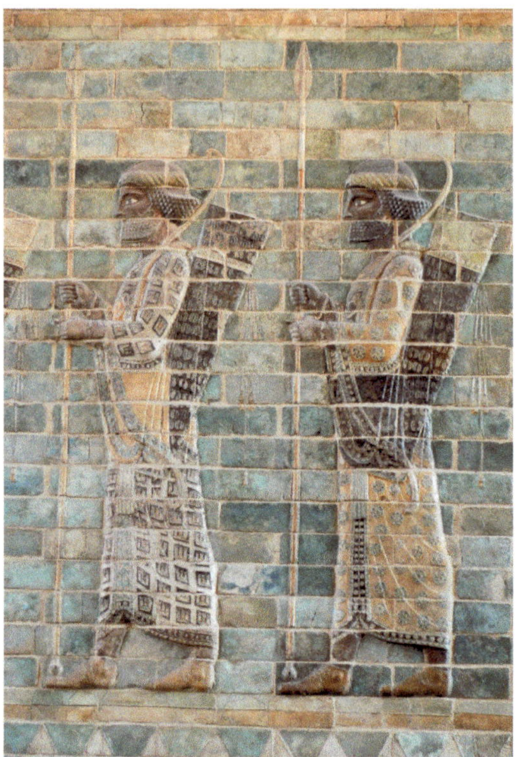

Abb. 4. Die Unsterblichen – so nannte man die Leibwahce des persischen Großkönigs. Stolz tragen sie die gefürchtetste Waffe der persischen Truppen auf ihrem Rücken: Pfeil und Bogen. Glasierte Terrakottaziegel aus dem Palast von Susa, heute im Louvre, Paris.

Abb. 5. Neben Helm, Panzer, Lanze und Beinschienen fehlt diesem griechischen Krieger nur noch ein runder Schild zur Vollbewaffnung. Die Panzerung dürfte in Wirklichkeit etwas weiter über den Po hinuntergereicht haben – so neckisch bekleidet zog man nicht in die Schlacht! Grabstele des Aristion, um 510 v. Chr. Athen, Nationalmuseum.

nackt oder halbnackt dargestellt. Auf der Grabstele des Aristion, der in der Zeit der Schlacht von Marathon verstorben war, sieht man diesen mit nur einem knapp über das Gesäß reichenden Untergewand (Abb. 5).

Es ist nicht vorstellbar dass er oder ein anderer Hoplit so oder ganz nackt in die Schlacht gezogen wäre, hier haben wir einen besonderen Kunstgriff vor uns, der aber typisch für die antike griechische Welt ist. Man bezeichnet das als „heroische Nacktheit": man stellte eine Bekleidung nicht dar oder deutete sie nur an, um besondere Körpermerkmale besonders betonen zu können wie – im Fall von Aristion - muskulöse Oberschenkel, einen Knackarsch oder das männliche Geschlechtsteil, das an dieser Grabstele gesondert eingesetzt war und heute verloren ist. Ein reales Abbild einer Kriegsrüstung ist das aber nicht! Die schwer gepanzerten Hopliten kämpften in der Phalanx, normalerweise in 8 Reihen hintereinander aufgestellt. Wir dürfen sie uns sehr dicht nebeneinander und hintereinander stehend vorstellen, der Gegner sah sich einer Wand von spiegelnden Schilden gegenüber, aus der Speerspitzen herausragten.

Alle Körperteile, die über, unter oder seitlich von den Schilden hervorlugten, waren zusätzlich metallgeschützt. Das muss schon eindrucksvoll und erschreckend gewesen sein, wenn die Phalanx wie eine antike Panzermaschine voranrückte. In der ersten Linie der Phalanx kämpften übrigens die Adeligen und Feldherren, das war eine Sache der Ehre. Natürlich gab es im attischen Heer auch Bogenschützen, doch weder sie noch eine möglicherweise vorhandene kleine attische Kavallerie scheinen bei Marathon zum Einsatz gekommen zu sein.

VON ATHEN NACH SPARTA UND ZURÜCK – EIN LANGER LAUF VOR MARATHON

In Athen erfuhr man sehr schnell, dass die Perser in der Bucht von Marathon gelandet waren. Man beratschlagte offenbar intensiv, was zu tun wäre – ob man sich einfach ergeben sollte oder sich, wie die Bewohner Eretrias, in der Stadt verschanzen sollte oder ob man ein Heer ausschicken und sich dem zahlenmäßig überlegenen Gegner stellen sollte. Einer der Feldherren namens Miltiades, der einige Jahre zuvor auf persischer Seite an einem Feldzug im Schwarzmeergebiet teilgenommen hatte und die persischen Verhältnisse sehr gut kannte, gab in den Diskussionen wahrscheinlich den Ausschlag dafür, dass man auszog. Angesichts der persischen Übermacht ersuchte man um Waffenhilfe bei anderen griechischen Städten und die unweit von Athen gelegene Stadt Platäa schickte sofort ein weiteres Bataillon mit 1000 Kämpfern. Eine entsprechende Bitte um Hilfe wurde natürlich auch nach Sparta geschickt, denn die Spartaner mit ihrem militärischen Drill, dem sie ihre Kinder von Anfang an unterzogen, galten als und waren auch definitiv die am besten ausgebildeten Kämpfer, die man auf griechischer Seite finden konnte.

Allerdings waren die Spartaner auch ultrareligiös und stockkonservativ und sie feierten offenbar gerade zu diesem Zeitpunkt das große Sommerfest des Gottes Apollon. Während solcher Kultfeierlichkeiten zog man nach spartanischer Auffassung einfach nicht in den Krieg, so dass der Botschafter mit der Nachricht nach Athen zurückkam, dass die Spartaner schon kämen, aber halt erst nach dem Ende des Festes, nach dem nächsten Vollmond, aufbrechen könnten. Von einigen modernen Wissenschaftlern wird das als billige Ausrede angesehen, was m. M. nach aber die antiken Glaubensvorstellungen völlig verkennt.

So dachte und handelte man im antiken Griechenland eben, um die unsterblichen Götter nicht zu erzürnen.

Das Hilfegesuch nach Sparta ist jetzt von besonderem läuferischem Interesse, denn dieses wurde von einem schnellen Boten übermittelt. Zwischen den zahlreichen kleinen und größeren griechischen Stadtstaaten gab es aufgrund des Fehlens einer übergeordneten Macht und des gebirgigen Charakters des Landes keine besonders gut ausgebauten Verkehrswege oder gar ein Post-System, bei dem Reiter oder Wägen ihre Pferde wechseln konnten. Im Bedarfsfall stellten deshalb Läufer, sog. „Hemerodromoi" eine Verbindung zwischen den einzelnen Stadtstaaten dar. Das Wort setzt sich aus den beiden griechischen Bezeichnungen für Tag = „Hemeros" und Lauf = „Dromos" zusammen, ein Hemerodromos ist demnach ein Tagesläufer.

Aus den antiken Beschreibungen wird klar, dass ein Hemerodromos in der Lage war, einen ganzen Tag oder sogar mehrere Tage lang zu laufen. Ihre Aufgaben konzentrierten sich auf den militärischen Bereich, sie holten Waffenhilfe, kundschafteten auch mal Feindbewegungen aus, hielten Kontakt zwischen den Feldherrn und der Heimatstadt. Sie waren Vorläufer, die die Rückkehr eines Heeres meldeten und offizielle Nachrichten- Überbringer. Neben der entsprechenden körperlichen Konstitution (Schnelligkeit und Ausdauer) mussten Hemerodromoi noch weitere wichtige Eigenschaften mitbringen: sie mussten sich geographisch sehr gut auskennen bzw. ein gutes Orientierungsvermögen besitzen. Sie mussten verschiedene griechische Dialekte beherrschen und über diplomatisches Geschick verfügen. Vor allen Dingen aber mussten sie absolut zuverlässig sein, Verrat war immer eine Option und auf die Hemerodromoi seiner Heimatstadt musste man sich blind verlassen können. Da sie immer direkt mit ihrem Auftraggeber identifiziert wurden,

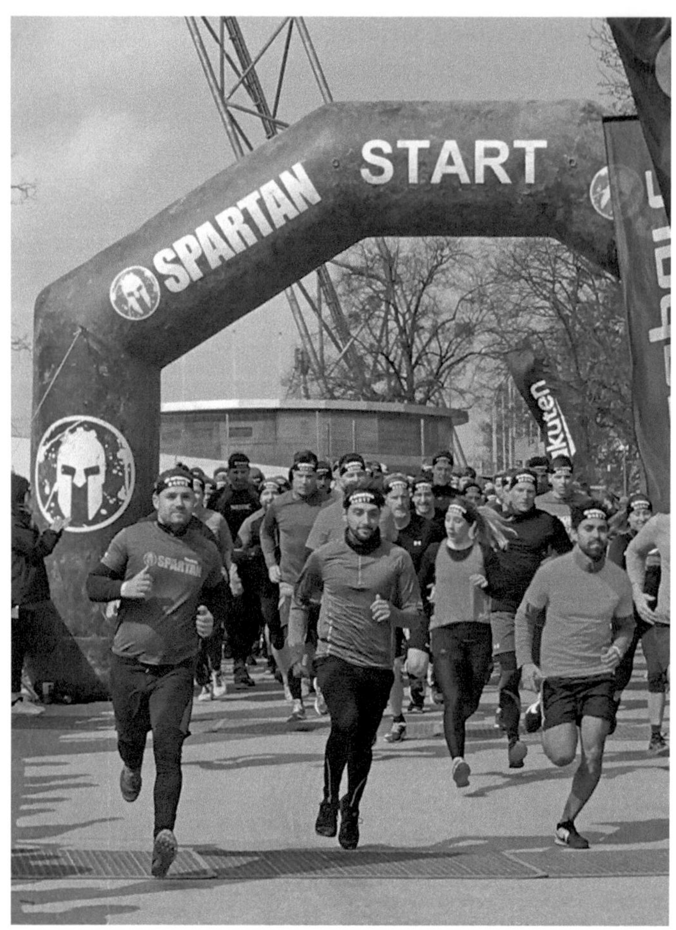

Abb. 6. Die Spartan Races sind Hindernisläufe, die sich mittlerweile überall großer Beliebtheit erfreuen. So schnell am Start waren die Spartaner 490 v. Chr. allerdings nicht – sie kamen zu spät zur Schlacht bei Marathon.

kamen auch manche bei heiklen Aufträgen nicht mit dem Leben davon.

Die antiken Quellen berichten von eindrucksvollen Laufleistungen, die die Hemerodromoi ablieferten: an erster Stelle steht dabei natürlich dieser Pheidippides, der von Athen nach Sparta lief, um Hilfe gegen die Perser zu erbitten. Die Strecke, die er genommen haben dürfte, ist etwa 240 km lang und weist über 1000 Höhenmeter auf. Er kam nach Herodot „am zweiten Tag" an. Die genaue

Zeit, die er für die Strecke gebraucht hat, kann man aus dieser Zeitangabe nicht errechnen, aber man kann schon daraus erschließen, dass er spätestens nach 36 Stunden in Sparta war. Der Streckenrekord, auf dem 1983 aus diesem Anlass ins Leben gerufenen Laufwettbewerb von Athen nach Sparta, dem sog. „Spartathlon" steht heute bei 20 Stunden und 25 Minuten (Yannis Kouros 1984), doch ist Pheidippides im 5. Jahrhundert v. Chr. sicher unter völlig anderen Bedingungen gelaufen: barfuss, auf unbefestigten Karrenwegen und Saumpfaden, ohne Markierung. Um die Verpflegung hatte er sich selbst zu kümmern und in der Nacht musste er mangels geeigneter Beleuchtungskörper sicher eine Pause einlegen.

Wir wissen nicht, ob Pheidippides die Gelegenheit hatte, sich nach diesem Lauf in Sparta zu regenerieren, denn in Athen wartete man ja ungeduldig auf Antwort. Schickte Sparta da einen seiner eigenen Hemerodromoi oder lief Pheidippides sofort zurück? 480 km in 4 Tagen? Er könnte das durchaus geschafft haben. Eine Begebenheit während des Laufes fand der Schriftsteller Herodot besonders bemerkenswert: auf einer Bergetappe oberhalb des Ortes Tegea auf der Peloponnes, in der Nähe des Berges Parthenios, erscheint dem Läufer der Gott Pan und sichert den Athenern in der bevorstehenden Schlacht seine Unterstützung zu, wenn sie ihn in Zukunft etwas mehr verehren würden.

Griechische Götter kommen in der Antike immer dann ins Spiel, wenn etwas Unerklärliches geschieht. Wenn es beispielsweise blitzt, ist es der Gottvater Zeus, der blitzende Speere schleudert, wenn man sich verliebt, beschießt einen der kleine geflügelte Bengel Eros mit Pfeilen. Wenn einen eine unerklärliche erschreckende Angst überkommt, wird das dem Gott Pan zugeschrieben, der eben dafür verantwortlich gemacht wurde, eine nach ihm benannte „Panik" auszulösen. In der Antike stellte man

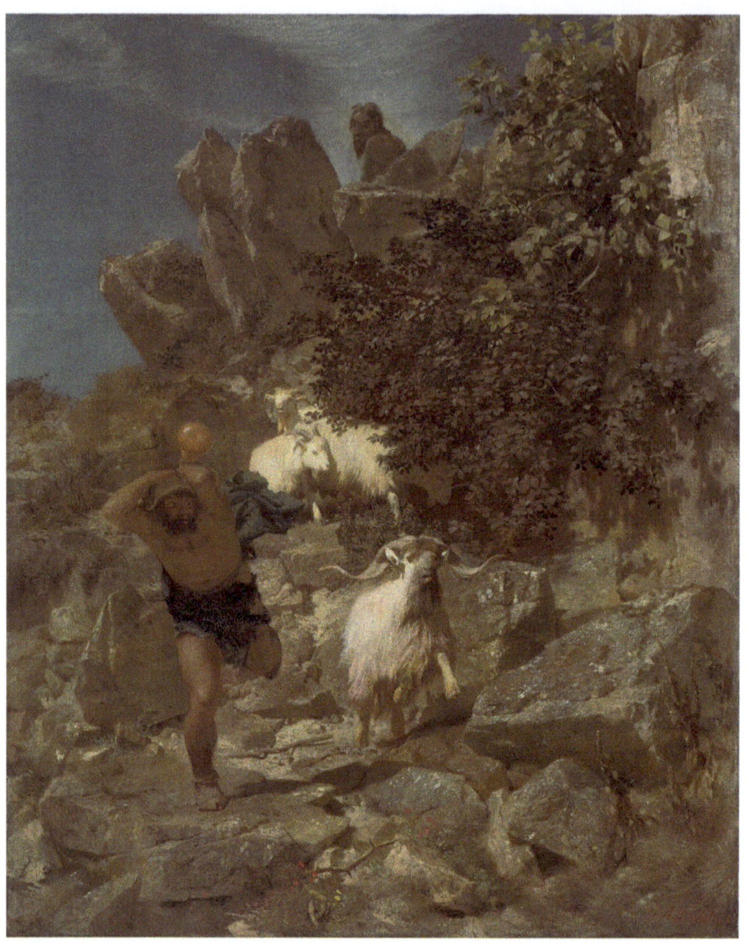

Abb. 7. Etwas versteckt, oben zwischen den Felsen: der Gott Pan treibt einen harmlosen griechischen Hirten zu einer persönlichen Bestzeit. A. Böcklin, Pan erschreckt einen Hirten (1860).

ihn sich mit Bocksfüßen und kleinen Hörnern vor und genau dieses Erscheinungsbild ist dann in die christlichen bildlichen Vorstellungen vom Teufel eingeflossen. Was aber steckt dahinter? War das Erscheinen Pans möglicherweise eine Halluzination Pheidippides? Trance-Zustände während eines langen Laufes sind durchaus bekannte Phänomene unter Läufern. Am beliebtesten ist dabei heute sicherlich der sog. „Runners High". Seine Ursache ist medizinisch noch nicht bis ins letzte Detail erforscht, aber verantwortlich dürfte in erster Linie die Ausschüttung von Endorphinen und anderen körpereigenen Drogen sein, die zu rauschhaften, besonders positiven Empfindungen während der Anstrengung führen können. Vielleicht stellte das Erscheinen Pans aber auch einen Verzweiflungsmoment Pheidippides dar, bei dem ein Kohlehydratdefizit und Hitze zu Erschöpfungserscheinungen geführt hatten, was unter Läufern als „das Erscheinen des Mannes mit dem Hammer" genannt wird. Pheidippides hat diesen Moment auf jeden Fall – man möchte fast meinen mit großer Routine – überstanden und die Botschaft Pans dann auch mit nach Athen gebracht. Dort zeigte man sich sehr dankbar: nach der Schlacht von Marathon erlebt der Kult um den Gott Pan einen großen Aufschwung in Attika.

Die Ultrarunner der Antike

Neben dem Spartathlon des Pheidippides gibt es noch weitere antike Nachrichten über läuferische Höchstleistungen von Hemerodromoi, diese sind aber häufig so legendenhaft ausgestaltet, dass man den wahren Kern kaum mehr herausfinden kann. Eine Topleistung ist für einen Athleten namens Ageus überliefert. Er siegte bei den 113. Olympischen Spielen im Jahr 328 v. Chr im sog. Dolichoslauf, der über eine Distanz von etwa 4500 m führte. Das scheint für ihn aber offenbar nur ein Aufwärmtraining gewesen zu sein, denn er vermeldet seinen Sieg angeblich noch am selben Tag höchstpersönlich in seiner Heimatstadt Argos, etwa 100 km Luftlinie von Olympia entfernt. Unklar bleibt allerdings, warum er diesen Sieg unbedingt sofort verkünden musste. Dass man das Bedürfnis hat, einen Erfolg sofort mit seinen Verwandten und Freunden zu teilen, ist allerdings durchaus menschlich. Ein ähnlicher Vorfall wird sogar Spyridon Louis zugeschrieben. Dieser Sieger des ersten olympischen Marathonlaufes 1896 war nach seinem Triumph angeblich auch noch die etwa 12 km in sein Heimatdorf Marousi (heute ein Vorort von Athen) gelaufen, um seinen Erfolg dort zu verkünden.

Neben den Hemerodromoi gab es in der Antike eine weitere Berufsgruppe, die offenbar problemlos lange Zeit laufen konnte, die sog. Bematisten, was man am besten mit dem Wort „Schrittmesser" oder „Schrittzähler" ins Deutsche übersetzt. Bema ist die Bezeichnung für ein antikes Längenmaß von etwa 80 cm. Wirklich sichtbar wird diese Gruppe im Umfeld Alexanders d. Großen, der bei seinem Asienfeldzug (334–323 v. Chr.) solche Wegvermesser mit sich führte. Die Grenze zum Hemerodoromos ist dabei nicht ganz klar, zumindest von einem Mann, dem Kreter Philonides, erfahren wir, dass er Alexander nach Asien als Hemerodromos und Bematist begleitet hat. Die Aufgabe der Bematisten war, Wege und Distanzen zu vermessen, was sie anhand ihrer Schrittzahl und mit einer derart erstaunlichen Präzision taten, dass verschiedene Wissenschaftler vermuten, dass sie ein technisches Hilfsmittel verwendeten. Eine schnelle Fortbewegung war bei einer solchen Wegvermessung natürlich von Vorteil, angeblich führte man im Heer Alexanders sogar ein 200 m langes Zelt mit sich, in dem die Bematisten witterungsunabhängig trainieren konnten.

Die Bematisten fertigten sog. „Stathmoi" an, das sind im Prinzip Etappenbeschreibungen, in denen sie die zurückgelegten Entfernungen festhielten. Gleichzeitig lieferten sie dazu Kurzbeschreibungen zur Beschaffenheit des Landes, zu Flora und Fauna, zu Städten sowie Befestigungen, deren Bewohner und deren Lebensgewohnhei-

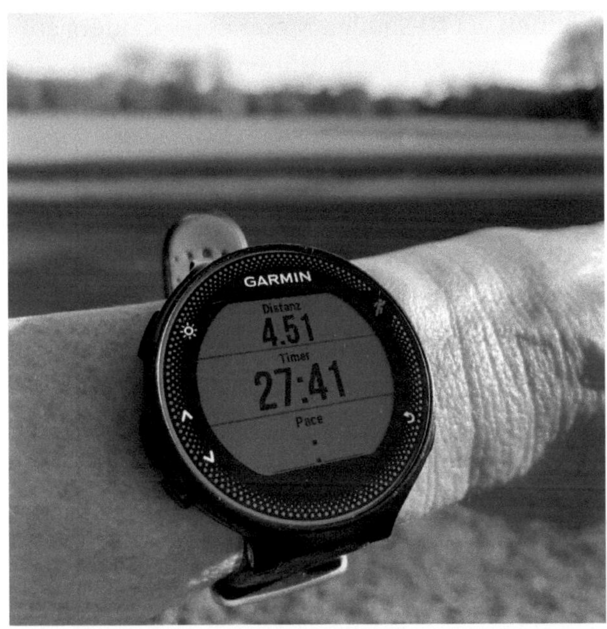

Abb. 8. Der moderne Bematist, der die Verfasserin auf ihren Läufen ständig begleitet.

ten. Diese Aufzeichnungen sollten die Grundlage für eine komplette Landesaufnahme Asiens werden und damit der ersten genauen Weltkarte der Menschheitsgeschichte, die dann von Eratosthenes im 3. Jahrhundert v. Chr. angefertigt wurde. Die Arbeiten der Bematisten brachen allerdings mit Alexanders Tod 323 v. Chr. ab und nur sehr wenige Reste von diesen Aufzeichnungen sind überhaupt erhalten geblieben. Auch wenn die Grenze zwischen Hemerodromoi und Bematisten etwas verwischt ist, wird doch klar, dass die Bematisten noch über weitere Qualifikationen verfügten: sie mussten lesen und schreiben können und über eine genaue Beobachtungsgabe verfügen, heute würde sie man wohl eher als Forschungsreisende bzw. als „Forschungsläufer" bezeichnen. Im modernen Läuferequipement finden sie ein erstaunliche Äquivalent, nämlich in den Laufuhren von Garmin, Polar oder ähnliche. Diese können via GPS jeden Meter eines Läufers aufzeichnen, sie messen Strecken, Höhenunterschiede, Geschwindigkeiten, Schritte und darüber hinaus auch noch alle möglichen Gesundheitsdaten des Läufers. Bei vielen dieser Laufuhren ist es auch möglich, Bilder und Beschreibungen zu den gelaufenen Strecken aufzuzeichnen und abzuspeichern, somit also eine Art „Stathmos" zu verfassen. Alexander der Große wäre von diesen Möglichkeiten begeistert gewesen!

Die Heerlager bei Marathon

Doch jetzt zurück nach Marathon. Das attische Heer schlug nach der Aussage von Herodot in der Ebene von Marathon „beim Heiligtum des Herakles" sein Lager auf. Das ist eine Ortsangabe, die einen zunächst etwas ratlos zurücklässt, denn heute gibt es dort kein entsprechendes Heiligtum mehr. Die Bewohner Attikas im 5. Jahrhundert, für die Herodot in erster Linie schrieb, wussten sicher genau, wo sich das befand, wir können es uns nur in etwa erschließen. Das attische Heer wird mit großer Sicherheit über die sog. Mesogeia nach Marathon vorgerückt sein. Die Mesogeia ist ein Landschaftsstreifen, der sich zwischen dem Bergrücken des Hymettos westlich von Athen und der Bergkette des Pentelikon nördlich Athens erstreckt. Die antike Wegführung durch sie entspricht etwa der der modernen Straße, auf der auch heute noch der Athen-Marathon gelaufen wird. Jeder andere Weg von Athen nach Marathon führt über wesentlich höhere Steigungen, die man mit einem voll ausgerüsteten Heer sicher nicht in Angriff genommen hätte. Orte, die dem Herakles, einem griechischen Halbgott und Superheld, geweiht sind, befinden sich häufig an Engpässen oder an geographischen Stellen, die als Tore oder Durchlässe angesehen werden können – als „Säulen des Herakles" wird in der Antike z. B. Gibraltar bezeichnet. Eine entsprechende Torsituation kann man in der Bucht von Marathon ausmachen, wo die Straße direkt am westlichsten Ausläufer des Höhenzuges Pentelikon vorbeizieht, etwa bei Kilometer 11,5, dem ersten (leichten) Anstieg der offiziellen Marathonrennstrecke.

Die persische Flotte ankerte höchstwahrscheinlich in der von der langgestreckten Halbinsel Kynosura windgeschützten Zone ganz im Osten der Bucht. Das Feldlager der Perser kann man dagegen nur erahnen, denn die Bucht von Marathon hat sich in ihrem nordöstlichen Teil seit der Antike stark verändert, nicht zuletzt durch den Bau der Ruderregattastrecke für die Olympiade 2004, die aus Zeitgründen nicht von archäologischen Untersuchungen begleitet wurde. Unglücklicherweise liegt das Regattagelände genau in dem Areal, wo man das Heerlager der Perser vermutet. Die heutige Vegetation deutet es noch deutlich an, dass große Teile dort einst sumpfiges Gelände oder gar Binnengewässer waren, die erst später trocken fielen. Trotz verschiedener geologischer Bohrungen herrscht keine Einigkeit darüber, wie der nördliche Teil der Ebene von Marathon im Jahr 490 v. Chr. aussah. Der Reiseschriftsteller Pausanias schreibt gut 700 Jahre später noch von einem großen See in diesem Areal, der mit dem offenen Meer verbunden war. Leider muss unklar bleiben, ob diese Lagune für die persische Flotte schiffbar gewesen wäre. Falls ja, wäre das natürlich der optimale Ankerplatz gewesen!

Die Heere lagerten also in einer Entfernung von etwa 6 km voneinander, sicherlich war man durch kleine Spionageeinheiten immer bestens informiert, was sich „drüben" gerade so abspielte. Nach einigen Tagen des sich Gegenüberliegens und Belauerns begann dann der Kampf. Die Indizien sprechen dafür, dass die Perser die Initiative

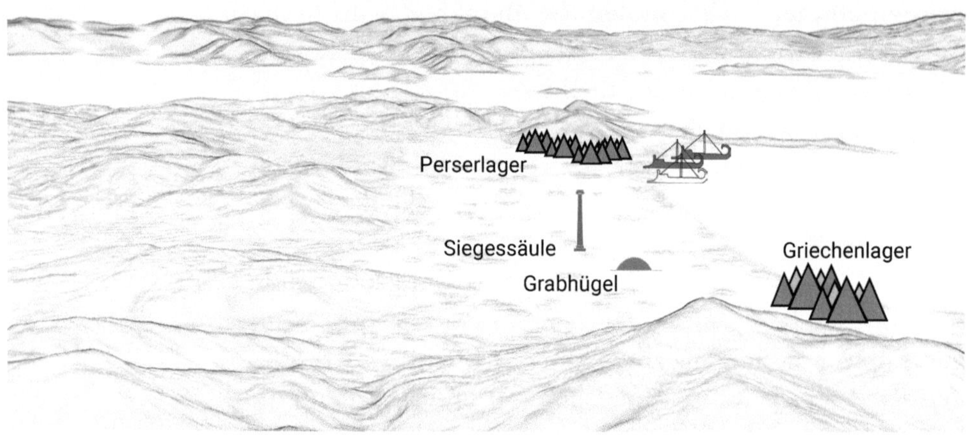

Abb. 9. Die Bucht von Marathon mit den Heerlagern.

ergriffen hatten, auch wenn Herodot uns das Gegenteil erzählt, aber die Athener konnten ja eigentlich geduldig auf die Waffenhilfe aus Sparta warten. Gehen wir also davon aus, dass die Perser von ihrem in etwa 6 km entfernten Lager anrückten, was für die Griechen durch den damit verbundenen Lärm wie Signalhörner, Kampfgeschrei, Klappern der Rüstung und Bewaffnung bald akustisch wahrnehmbar war. Ihre Spione hatten es ihnen zuvor bereits mit Sicherheit angekündigt, denn die Vorbereitung zu einer Schlacht kann nicht heimlich von statten gegangen sein. Eine große Menge an Menschen kann sich nicht unbemerkt zu einer Schlachtreihe (oder an einer Startlinie) aufstellen, man denke nur an die dazugehörigen Hintergrundgeräusche! Vor der Schlacht fand normalerweise auch noch eine Opferung an die Götter und eine Motivationsansprache der Feldherren statt – die Nachricht von solchen Aktionen dürfte sehr schnell vom Lager der Perser zu dem der Griechen gegangen sein.

Der Ablauf der Schlacht

Die Breite der persischen Schlachtordnung war für die Griechen zunächst durch den aufgewirbelten Staub und beim Näherkommen dann auch personengenau zu erkennen. Und hier war es wahrscheinlich der Feldherr Miltiades, der zu einem großen strategischen Trick griff, der seinen Zeitgenossen Bewunderung abnötigte und der ruhmreich in die Militärgeschichte einging. Er stellte das zahlenmäßig unterlegene attische Heer in der gleichen Breite wie die anrückenden Perser auf. Dies konnte nur dadurch gelingen, indem er die Reihen in der Mitte von acht auf vielleicht vier ausdünnte, denn die Perser waren in der Überzahl.

So war die Mitte zwar stark gefährdet, aber ein Überflügeln und Einkesseln der eigenen Truppen enorm erschwert. Gleichzeitig ist diese Aufstellung ein weiteres Indiz dafür, dass die Perser zuerst angriffen, denn wie hätte man ansonsten die Breite ihrer Schlachtlinie kennen können? Ein weiterer kampftechnischer Kniff bestand darin, dass seitens der attischen Strategen der Befehl an die Truppen erging, die Distanz zwischen den beiden Heeren im Laufschritt zu überwinden, um den gefürchteten persischen Pfeilhagel zu unterlaufen. Herodot spricht da von einer Distanz von 8 Stadien, das sind etwa 1,5 km.

In der Literatur kann man heftige Diskussionen, begleitet von archäologischen Experimenten mit modernen britischen Elitesoldaten, darüber verfolgen, ob es überhaupt möglich und vor einer Schlacht sinnvoll ist, 1,5 km in einer etwa 20 kg schweren Hoplitenrüstung zu rennen. Aber hier haben wir Herodot wohl bei einer kleinen Übertreibung erwischt, denn die Reichweite eines persischen Bogens mit noch einiger Durchschlagskraft beträgt maximal 200 m, auch das haben archäologische Experimente ergeben. Richtig gefährlich war eine Distanz von maximal

100 m, hier erreichten die Pfeile noch eine solche Wucht, dass sie Metallrüstungen durchschlagen konnten. Auch „nur" diese 200 m mit 20 kg Zusatzgewicht zu laufen ist natürlich anstrengend, erscheint aber viel eher machbar als gleich 1,5 km.

Der Sturmangriff im Laufschritt war natürlich trotzdem eine riskante Aktion, das war nicht nur kräfteraubend! Man musste extrem diszipliniert zusammenbleiben, durch den unebenen Boden bestand Stolper- und Sturzgefahr, es gab wahrscheinlich erste Verletzte durch den persischen Geschoßhagel... Insgesamt war die Gefahr dabei groß, dass bei dem Sturmlauf der geschlossene Panzer der attischen Phalanx auseinanderbrach, aber es scheint gelungen zu sein. Die beiden Heere krachten mit voller Wucht aufeinander und der Nahkampf begann. Tatsächlich gelang es den Persern, die ausgedünnte griechische Mitte zu durchstoßen, auf den Flügeln siegten aber die Athener. Hochdiszipliniert verfolgten diese dann nicht die in Richtung ihres Lagers fliehenden Perser, beide Flügel vereinigten sich vielmehr, drehten um, griffen die in der Mitte durchgebrochenen Perser von hinten an und besiegten sie.

Damit war der Wendepunkt der Schlacht erreicht und diese quasi entschieden. Es muss zu panikartigen Szenen gekommen sein – nach antik griechischer Vorstellung griff der Gott Pan helfend ein, wie er es dem Hemerodromos Pheidippides ja auf seinem Weg nach Sparta zugesagt hatte! Die Perser wandten sich in unkontrollierter Flucht zu ihren Schiffen hin, viele gerieten in das sumpfartige Gelände bzw. in den flachen See. Spätestens zu diesem Zeitpunkt hatte sich auch die attische Phalanx aufgelöst und jetzt scheint es auch auf attischer Seite noch zu erheblichen Verlusten gekommen zu sein. Der Polemarch Kallimachos fällt hier, beim Kampf um die Schiffe, ebenso wie die Feldherren Stesilaos und Kynegeiros, letzterer übrigens ein Bruder des Dramatikers Aischylos. Sieben der Schiffe fallen den Athenern in die Hände, der Rest rudert schnellstens zurück zur Insel Stouronisi (S. 19, Abb. 3), wo die versklavten Eretrier von einer Wachmannschaft festgehalten wurden. Sicher konnten die persischen Schiffe in der panikartigen Flucht nicht alle Fliehenden mitnehmen. Gefangene wurden jedoch nicht gemacht. Und was war eigentlich mit der so hochgerühmten persischen Reiterei? Da schweigen die Quellen – entweder wurde sie nicht eingesetzt oder sie blieb wirkungslos.

Wie lange wird diese Schlacht gedauert haben? Herodot schreibt lapidar „lange Zeit", aber das ist nur als relative Zeitangabe zu sehen. Ein antiker Nahkampf mit Speer bzw. Schwert und Schild war ausgesprochen wild, hart und für die Kämpfer physisch wie psychisch außerordentlich anstrengend, wir dürfen zum Zeitpunkt der Schlacht zudem von griechisch-sommerlichen Temperaturen ausgehen. Heutige Profi-Boxkämpfe dauern maximal 12 Runden à 3 Minuten (mit Pausen dazwischen) und auch bestens austrainierte Boxer erreichen dabei ihre Leistungsgrenze. Antike Kämpfer dürften in ihrer körperlichen Konstitution durchaus heutigen Spitzensportlern entsprochen haben und sie kämpften natürlich um ihr Leben, aber trotzdem wird man für den Nahkampf kaum mehr als 2 bis 3 Stunden rechnen dürfen. Wahrscheinlich hat Herodot mit der „langen Dauer" nicht nur den Nahkampf, sondern die ganze Schlacht gemeint. Die begann mit dem Aufstellen in der Schlachtordnung, den Opfern und Ansprachen und dem Vorrücken der Schlachtreihe, dann folgte der Nahkampf, dann die Verfolgung der Flüchtenden bis zum Bergen der Verwundeten und Gefallenen sowie der Plünderung der Gegner. Damit konnte schon lange Zeit verbracht worden sein, vielleicht wird man sechs Stunden insgesamt für die Schlacht ansetzen dürfen?

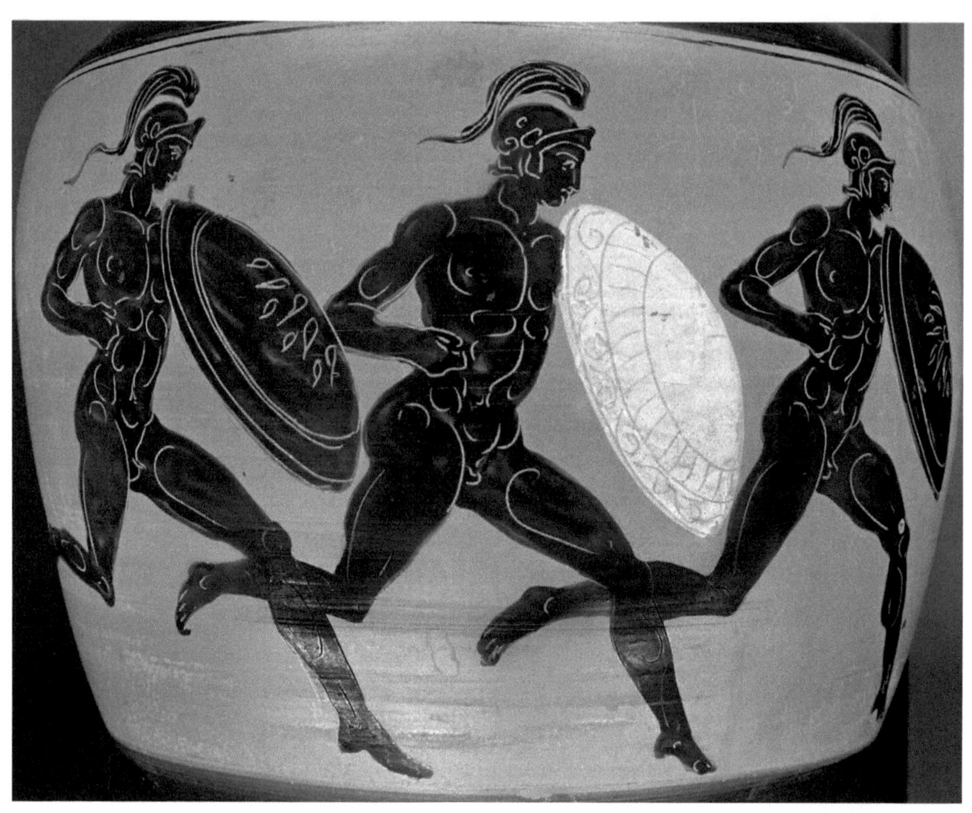

Abb. 10. Angriff im Sturmlauf in heroischer Nacktheit. Darstellung auf einer schwarzfigurigen Amphore aus Athen (323/322 v. Chr.), Louvre Inv. Nr. MN 704.

NACH DER SCHLACHT

Was direkt nach dem Kampf passierte, wird in den Quellen recht spärlich kommentiert. Offenbar gingen die griechischen Schriftsteller davon aus, dass man allgemein wusste, was nach einer Schlacht so geschah: zunächst versorgte man die Verwundeten aus den eigenen Reihen und barg seine Gefallenen; – die toten Gegner und das gegnerische Lager wurden geplündert; – ein Dankopfer an die Götter war obligatorisch; – sicherlich wurde auch eine Nachricht in die Heimatstadt geschickt, um glaubhaft die Botschaft vom Sieg zu übermitteln.

Trotz des Sieges der Griechen bestand nach der Schlacht weiterhin Gefahr für die Stadt Athen. Die persische Flotte war bis auf sieben Schiffe noch weitgehend intakt und es war gut möglich, innerhalb von einem Tag Attika zu umfahren und im Hafen von Phaleron – dem antiken Vorläufer von Piräus – quasi vor der Haustür Athens, zu landen (S. 19, Abb. 3). Und genau das taten die Perser dann auch. Wir dürfen allerdings davon ausgehen, dass sie nicht schon am selben Tag, unmittelbar nach der Schlacht, losgefahren sind. Sie hatten erhebliche Verluste erlitten, mussten Verwundete versorgen und ihre Schiffsbesatzungen wahrscheinlich erst neu zusammenstellen. Da mit einer Nachtfahrt nicht zu rechnen ist – die antike Schiffahrt war weitgehend eine auf Sicht ausgelegte Küstenschiffahrt – kann man davon ausgehen, dass sich die persische Flotte erst frühestens am nächsten Tag, wahrscheinlich aber eher am zweiten Tag nach der Schlacht Richtung Athen in Bewegung setzte. Dem attischen Heer gelang es jedoch, ihr in einem Gewaltmarsch zuvor zu kommen. Man ließ ein Bataillon von 1000 Mann in Marathon zurück, das sich um die Toten und Verletzten kümmerte. Der Rest marschierte zurück nach Athen. Das waren wahrscheinlich so um die 30 km, die das Heer, in kompletter Bewaffnung (mit etwa 20 kg Gewicht an Waffen pro Mann) nach einer hitzigen Schlacht wahrscheinlich an einem einzigen Tag im Spätsommer 490 v. Chr. bewältigte. Das ist schon eine starke Leistung. Von den späteren römischen Legionen, deren Soldaten ähnlich schwer bepackt waren, wissen wir, dass Alles, was über 20 km Länge war als *„iter magnum“*, als eine äußerst ungewöhnliche Art von Gewaltmarsch angesehen wurde. Als die Perser bei ihrer Ankunft in Phaleron bemerkten, dass ihnen das attische Heer zuvor gekommen war, machten sie sich auf den Rückweg – um erst 10 Jahre später wiederzukommen.

Unmittelbar nach der Schlacht wurde in der Antike normalerweise aus aufgesammelten Waffen und Rüstungsteilen des Gegners ein Waffenmal errichtet und zwar zumeist an der Stelle, an der sich die Schlacht entschieden hatte. Diese Denkmale bestanden aus einem hölzernen Gerüst, an dem Beutestücke angebracht wurden, man darf sie sich ein bißchen wie überdimensionierte Vogelscheuchen vorstellen. Nach dem griechischen Wort für Wendepunkt (=Tropee) nannte man ein solches Denkmal tropaion, von dem sich noch unser heutiges Wort „Trophäe" ableitet.

Ein solches vorläufiges Tropaion errichteten die Athener auch in Marathon, das dann später durch eine über 10 m hohe marmorne Siegessäule ersetzt wurde. Diese Säule (heute befindet sich im Gelände eine Kopie) dürfte deutlich den Platz markieren, an dem die Entscheidung bei der Schlacht von Marathon fiel und die Perser sich endgültig zur Flucht wandten (S. 36, Abb. 9). Die griechischen Gefallenen wurden in der Ebene von Marathon an Ort und Stelle beigesetzt, nach ihrer Stadtzugehörigkeit getrennt voneinander in zwei Grabhügeln, dem der Athener und dem der Platäer. Die gefallenen Perser wurden in großen Gräben von den Siegern verscharrt.

Ach ja, die Spartaner kamen dann tatsächlich auch noch nach Marathon. Man hatte die Angelegenheit in Sparta durchaus ernst genommen und insgesamt 2000 Elitekämpfer ausgeschickt; das waren viele, bedenkt man, dass in der Entscheidungsschlacht bei den Thermopylen 10 Jahre später nur legendäre „300" Spartaner beteiligt waren. In Marathon kamen die 2000 angeblich genau am Tag nach der Schlacht an, was aber wahrscheinlich etwas dramatisch verkürzt dargestellt wurde. Man geht besser davon aus, dass sie einige Tage nach der Schlacht ankamen. Man zeigte ihnen dort die gefallenen Perser, sie beglückwünschten Athen/Plataä zu ihrem Sieg – und marschierten wieder nach Hause.

Die Schlacht bei Marathon stellt eigentlich nur den Beginn der Perserkriege dar. Die Schmach dieser Niederlage saß jedoch tief und wurde am Hof des persischen Großkönigs nicht vergessen. 10 Jahre später waren die Perser unter dem Nachfolger des Dareios mit dem Namen Xerxes wieder da und diesmal mit einem wesentlich größeren Heer, einer schlagkräftigen Kriegsflotte und mit enormer logistischer Unterstützung. Jetzt wurde Athen auch erobert und verwüstet; nur durch eine Allianz zahlreicher griechischer Stadtstaaten gelang es danach, die Perser in den Schlachten von Salamis und Plataä zu besiegen und wieder aus Griechenland zu vertreiben. Die folgenden Jahrzehnte der griechischen Geschichte waren dann geprägt von ständigen kriegerischen Auseinandersetzungen zwischen den beiden führenden Stadtstaaten: Athen und Sparta. Im 4. Jahrhundert wurden die Verhältnisse umgekehrt: Alexander der Große eroberte das Perserreich und weitete den europäischen Horizont erstmals bis zum Indus.

DER LEGENDÄRE LAUF

Dass ein Läufer die Siegesbotschaft nach Athen brachte, wird erstmals 550 Jahre nach der Schlacht, von dem im 1. Jahrhundert n. Chr. lebenden Schriftsteller Plutarch erwähnt. Der weist dabei darauf hin, dass er diese Info von einem anderen Schriftsteller hätte, der allerdings auch erst 150 Jahre nach der Schlacht gelebt und geschrieben hat – ein klassisches Hörensagen also, was zu keiner Zeit

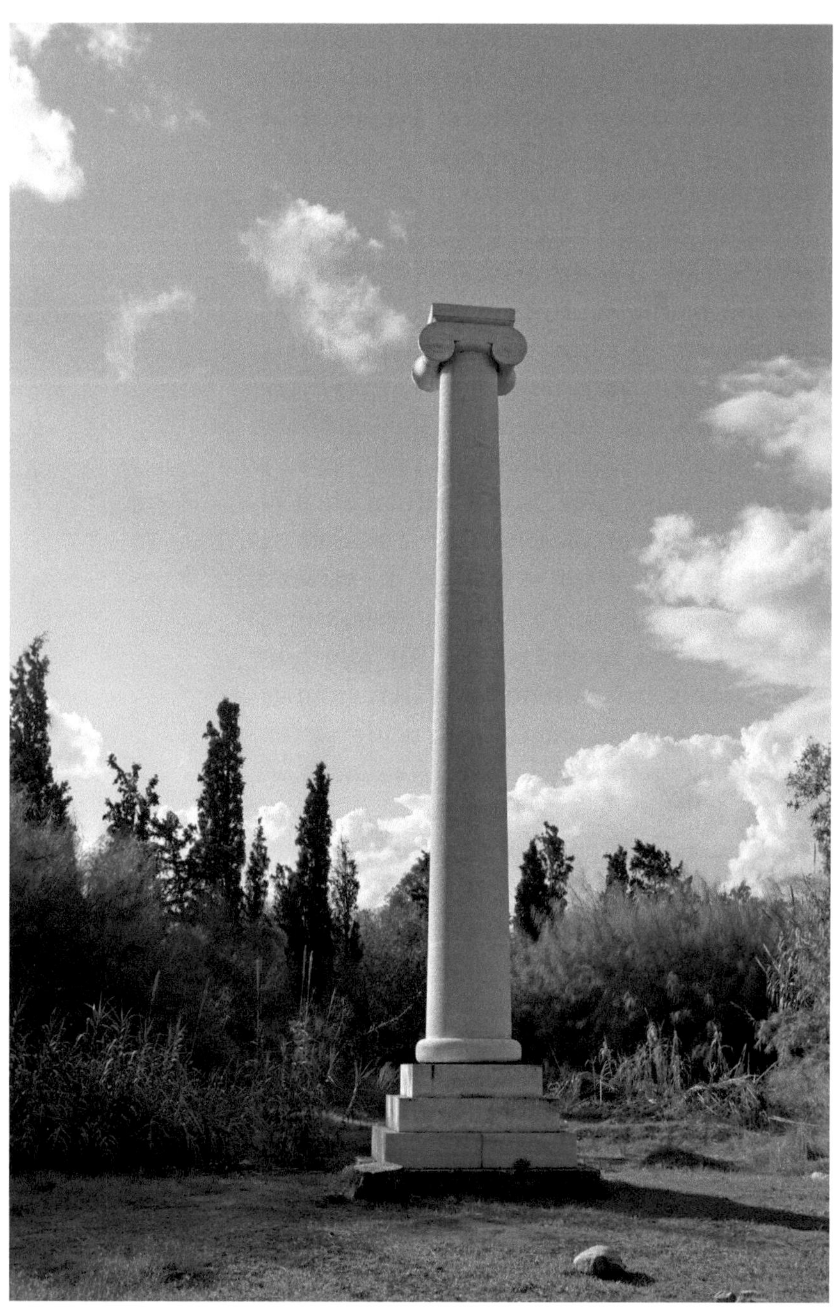

Abb. 11. Das Siegesdenkmal für die Schlacht in der Bucht von Marathon.

besonders glaubwürdig ist! Bei Herodot, dem Schriftsteller, der zeitlich am nächsten an der Schlacht dran ist, findet sich kein einziges Wort von einem solchen Botenläufer. Das muss aber alles nicht bedeuten, dass es keinen solchen gegeben hat, eher wahrscheinlich ist sogar, dass dieser Vorgang – die Heimatstadt über den Sieg benachrichtigen – für den antiken Menschen und Schriftsteller derart selbstverständlich war, dass er gar nicht extra erwähnt werden musste. Aufgrund der Gesamtsituation können wir mit Sicherheit davon ausgehen, dass nach der Schlacht möglichst bald eine Botschaft nach Athen übermittelt werden musste. Den Inhalt kann man sich etwa so vorstellen:

„…Wir haben Verluste erlitten, aber die Perser in die Flucht geschlagen. Die Gefahr ist jedoch nicht vorbei, denn ein großer Teil der persischen Flotte ist noch intakt und von Marathon weggerudert, wir gehen davon aus, dass sie um Attika nach Phaleron fahren und von dort einen Angriff auf Athen machen werden. Das Heer wird auf dem schnellsten Weg zurückmarschieren. Falls wir es nicht vor der persischen Flotte schaffen, ergebt euch nicht, öffnet nicht die Tore, fallt nicht auf die pro-persischen Agitatoren rein!…"

Das war eine an sich sehr komplexe Botschaft, die man kaum mit anderen, in dieser Zeit üblichen Kommunikationssystemen wie Lichtsignalen übermitteln konnte. Zudem waren diese oder auch Brieftaubenbotschaften nicht fälschungssicher. „Fake News" sind keine Erfindung der Moderne und Verrat war in der griechischen Antike immer eine gern gewählte Option!

Die Botschaft musste von einem in Athen bekannten Mann, der als völlig integer galt, überbracht werden und das konnte nur ein professioneller attischer Hemerodromos gewesen sein. Ob es genau dieser Pheidippides war, der zuvor schon den Ultrarun nach Sparta und vielleicht auch wieder zurück abgeleistet hatte, ist nicht ganz klar. Er war sicher nicht der einzige Berufsläufer, der den Athenern zur Verfügung stand und in der Antike kursierten verschiedene Namen für diesen ersten Marathonläufer. Neben Pheidippides werden da auch noch andere Namen wie Philippides, Thersippos oder Eukles ins Spiel geworfen. Prinzipiell kann man sich natürlich die Frage stellen, warum man – wenn die Nachricht so schnell nach Athen getragen werden musste – einen Läufer schickte und keinen berittenen Boten, der die Distanz ja vielleicht doch ein bißchen schneller überwunden hätte.

Sicher wären im attischen Heer entsprechende Reiter zur Verfügung gestanden, doch dürfte ein Läufer tatsächlich schneller gewesen sein. Ein modernes Rennpferd kann zwar ein Tempo von bis zu 70 km/h erreichen, es hält dieses Tempo aber nur über kurze Zeit durch. Auf der langen Laufdistanz ist der Mensch einem Pferd und überhaupt jedem anderen Lebewesen überlegen. Strecken über 100 km an einem Stück zu laufen, schaffen angeblich nur noch die Wölfe, die mit einer Durchschnittsgeschwindigkeit von 8 km/h auf der Langstrecke aber längst nicht das Tempo eines auch nur durchschnittlichen Marathonläufers erreichen. Bedenkt man noch die ungenügenden Straßenverhältnisse und das gebirgige Gelände, das zwischen Marathon und Athen zu überwinden ist, ist eigentlich ziemlich klar, dass ein Läufer das schnellste und auch zuverlässigste Medium für die Überbringung der Botschaft war.

DIE STRECKE

42,195 – jede Marathonläuferin, jeder Marathonläufer ist bestens mit dieser Zahl, der km-Länge des heutigen Marathonlaufes vertraut, die von vielen während eines Rennens spätestens ab km 32 heruntergezählt wird, je nach Verfassung/Motivation: nur noch verdammte 9, nur noch lächerliche 8, nur noch f...ing 7, usw. usw. Diese, heute klassische Länge haben wir den Briten zu verdanken. Bei der Olympiade 1908 in London war das Schloss Windsor als Startpunkt festgelegt worden und bis zur königlichen Loge im Stadion, vor der das Ziel lag, waren es eben genau 42,195 km. Das Königshaus wollte den Zieleinlauf des damals schon legendären Marathonrennes aus nächster Nähe verfolgen, der in London dann auch ein sehr dramatisches Ende hatte, von dem unten noch zu berichten ist (S. 76).

Vor 1908 war man den Marathonlauf noch über unterschiedlich lange Distanzen gelaufen, der erste Marathonlauf der Olympischen Spiele der Neuzeit führte auch „nur" über ziemlich genau 40 km. Nach der Olympiade in London übernahmen etwas überraschend immer mehr Veranstalter diese „schräge" Streckenlänge so dass diese 1921 als verbindlich festgelegt wurde.

Der Marathonläufer im Jahre 490 v. Chr. ist jedoch mit Sicherheit eine kürzere Strecke gelaufen. Von der Ebene von Marathon aus bieten sich zwei antike Wege nach Athen an. Die östliche, längere und mit 250 Höhenmetern flachere Route entspricht in etwa einer heutigen vierspurig ausgebauten Schnellstraße durch die Mesogeia, auf der auch der moderne Marathonlauf gelaufen wird. Eine westliche Route führt über das Gebirge Pentelikon, auf ihr sind bis Athen von Marathon aus allerdings etwa 500 Höhenmeter zu bewältigen. Gehen wir einmal davon aus, dass der Hemerodromos unbekannten Namens nach der Schlacht vom Feldlager der Griechen aus gestartet sein wird, wird er mit einiger Sicherheit die östliche Route gelaufen sein (Abb. 12). Das Heerlager befand sich ja „beim Heiligtum des Herakles", das man mit guten Gründen et-

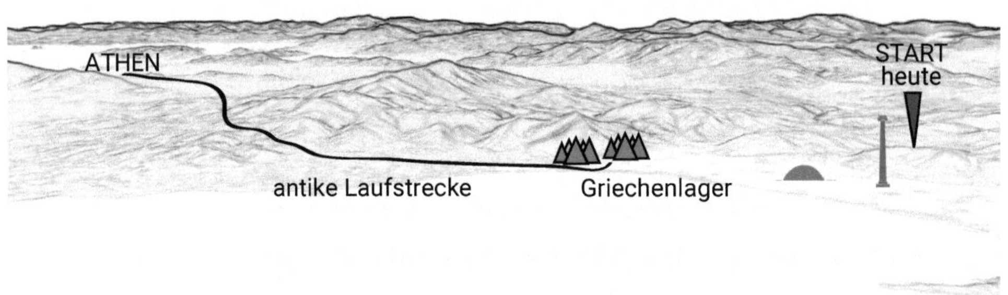

Abb. 12. Die vermutliche antike Laufstrecke von Athen nach Marathon.

was nördlich von Nea Makri vermutet, wo der Pentelikon nahe ans Meer heranreicht. Von dort bis ins Herz Athens sind es „nur" noch etwa 31 km. Warum sollte ein Bote die anspruchsvollere Bergetappe über den Pentelikon nach Süden nehmen? Der Weg über die Mesogeia war vielleicht etwas länger von der Strecke her, aber sicher der einfachere und schnellere, da man wesentlich weniger Höhenmeter zu bewältigen hat. Das Ziel des Läufers war dabei völlig klar, das Prytaneion, das „Rathaus" des antiken Athen am Hauptplatz der Stadt, an der Agorá unterhalb der Akropolis. Und bitte, alle, die dieses Wort laut aussprechen, mögen den Akzent auf dem hinteren a beachten ! Bei der unter Touristen üblichen Aussprache Agoooora bekomme ich und sicher zahlreiche andere, die jemals in der Schule mühsam Alt-Griechisch gelernt haben, erste Anzeichen eines Krampfes in der Unterkiefermuskulatur und Schüttelfröste! In drei Stunden dürfte ein antiker Hemerodromos gut die Distanz vom attischen Heerlager in Marathon bis zur Agorá nach Athen geschafft haben, auch wenn er bei nachmittäglicher Spätsommerhitze laufen musste. Rechnet man mit einer Länge der Schlacht von etwa 6

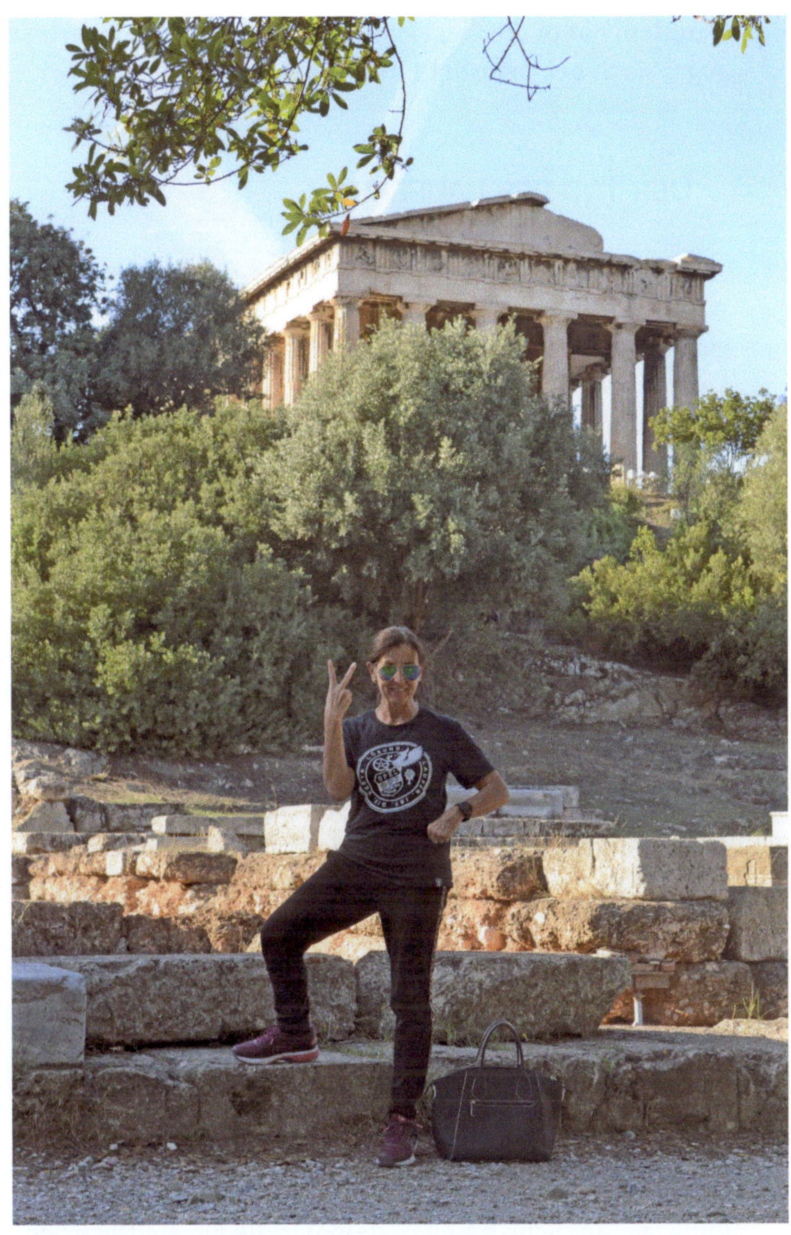

Abb. 13. Die Autorin am Ziel des Marathonlaufes von 490 v. Chr., unterhalb des Heraklestempels vor den Ruinen des antiken Prytaneion („Rathaus") in Athen.

Stunden, hat er die Siegesbotschaft mit einiger Sicherheit sogar noch bei Tageslicht überbracht.

DER TOD DES LÄUFERS

Kaum eine andere Geschichte ist so faszinierend und wirkmächtig wie die vom Tod des Überbringers der Siegesbotschaft nach der Schlacht im Jahr 490 v. Chr. Diese Legende war tatsächlich auch ein Diskussionspunkt bei der Einführung des olympischen Marathonlaufes 1896 – man war sich damals überhaupt nicht sicher, ob man die Läufer nicht einem unkalkulierbaren Risiko aussetzte. Und auch die Verfasserin selbst glaubte bei ihrem ersten Marathonlauf zwischenzeitlich nicht daran, dass sie das Ziel jemals lebend erreichen werde – eine kleine, vorübergehende mentale Schwäche, wie sich im nach hinein herausstellte.

Der zeitlich nächste Berichterstatter zur Schlacht, Herodot, schreibt – wie oben bereits erwähnt - überhaupt Nichts über einen Botenläufer. Wenn dieser aber nach seiner Ankunft in Athen tot zusammengebrochen wäre, hätte Herodot diese Story keinesfalls unterschlagen. Zu sehr liebte dieser antike Schriftsteller solche aufsehenerregende Episödchen – man denke nur an die von ihm so lebhaft geschilderte Erscheinung des Pan auf dem Ultrarun des Pheidippides nach Sparta (S. 27)! Erst spätere Autoren greifen die Geschichte vom Tod des Läufers auf und das macht ebenso stutzig wie die Tatsache, dass es aus der griechischen Antike tatsächlich noch weitere Berichte über Langstreckenläufe mit tödlichem Ausgang gibt. Plutarch, der Schriftsteller, dem wir die älteste Nachricht über den Tod des Marathonläufers verdanken, berichtet, dass auch nach der Schlacht gegen die Perser bei Platäa 479 v. Chr. ein Läufer namens Euchidas nach Delphi und

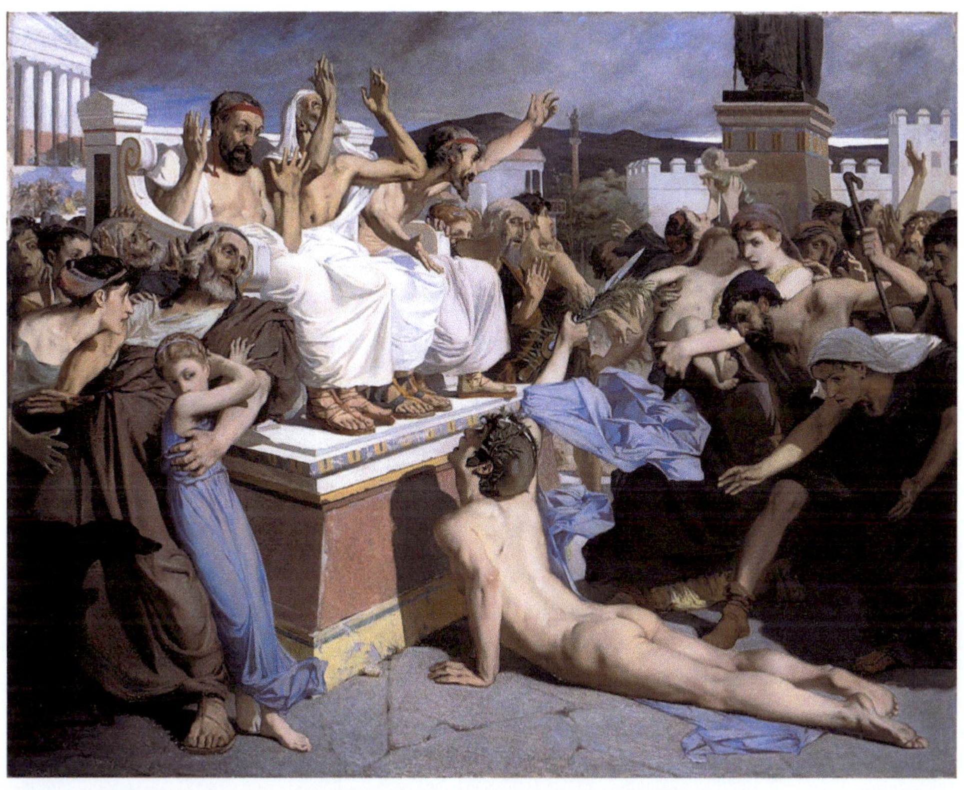

Abb. 14. So dramatisch stellte man sich im 19. Jahrhundert den Tod des ersten Marathonläufers in Athen vor – heute denken Sportler bei dieser Körperhaltung eher an die Yoga-Figur der „Kobra". L. O. Merson 1896.

wieder zurück gelaufen (insgesamt etwa 190 km) wäre, um von dort ein heiliges Feuer zu holen. Auch dieser hätte nach Vollbringung der Tat mit seinem Leben bezahlt.

Bedauerlicherweise kommt es ja heutzutage immer wieder zu Todesfällen bei Marathonläufern, im Schnitt sind es etwa 1-2 pro 100.000 Marathonläufer. Heute können aber zumeist konkrete Ursachen dafür verantwortlich gemacht werden. Es sind eigentlich immer Männer – trotz intensiver Recherche habe ich keinen weiblichen Todesfall während eines Marathonrennens finden können – die es ab dem Alter 40+, auf den letzten Kilometern und häufig bei hohen Außentemperaturen trifft. Zumeist ist es ein Herzversagen, häufig kombiniert mit einer Vorerkrankung und dem Ehrgeiz, das Ziel in einer adäquat erscheinenden Zeit erreichen zu wollen.

Für den Tod des ersten Marathonläufers wurden in der Forschung dann auch die folgenden bekannten Ursachen intensiv diskutiert: körperliche Überforderung, Verletzung, Vorerkrankung, Untrainiertheit, Dehydrierung, Hitzschlag, enorme psychische Belastung. Es handelte sich bei ihm jedoch um einen Profiläufer, einem Hemerodromos, so dass man Untrainiertheit schon einmal von Anfang an ausschließen kann. Angesichts der bekannten Strecken, die diese Hemerodromoi gelaufen sind, war er mit einer Strecke von um die 30 km auch bei sommerlicher Hitze nicht überfordert und dass er sich dabei entsprechend mit Flüssigkeit versorgen musste, war ihm wohlbekannt. Die psychische Belastung bzw. die Verantwortung, die er mit dieser Botschaft getragen hatte, gehörte zu seinem gewohnten „Berufsrisiko". Er hatte zudem genügend Vorsprung vor der persischen Flotte, er musste keine Bestzeit laufen. Eine Vorerkrankung – warum sollte die gerade bei diesem, für seine Verhältnisse recht kurzen Lauf entscheidend gewesen sein? Irgendeine Verletzung kann man natürlich bei einem Sportler nie ganz ausschließen, aber die hätte er sich dann wahrscheinlich irgendwo unterwegs zugezogen – und wie hätte eine solche todbringende Verletzung dann geschehen sollen? Wohl nur durch Fremdeinwirkung – und das hätte irgendein antiker Schriftsteller mit Sicherheit berichtet! Völlig absurd ist im Übrigen die Vorstellung, er wäre in seiner Hoplitenrüstung, also mit ca. 20 kg Metall an Defensivwaffen am Leib gelaufen. Mir fällt da kein einziger vernünftiger Grund ein, warum er das hätte tun sollen. Er war ein hochqualifizierter, professioneller Botenläufer und er hat mit großer Sicherheit gar nicht als Kämpfer an der Schlacht teilgenommen. Wahrscheinlich besaß er nicht einmal eine solche Rüstung, denn die wurde nicht von der Stadt gestellt, sondern musste von den Bürgern selbst erworben werden. Er wird in seiner „Berufskleidung", barfuß, in einer hemdartigen Tunika und/oder einem Lendenschurz gelaufen sein. Die antike Schuhbekleidung mit ihren dünnen Ledersohlen war für Langlaufstrecken denkbar ungeeignet und nackt trat man nur bei den sportlichen Wettkämpfen zu Ehren der großen Gottheiten an.

Der Tod des Läufers kann also mit sehr großer Sicherheit in das Reich der Märchen verwiesen werden. Dahinter steckt die antike Vorstellung, dass einem Nichts Besseres passieren kann, als in dem Moment des höchsten Ruhms, des größten Glücks, zu sterben, da danach im Leben keine Steigerung mehr möglich ist. Eine antike Sage mag diese Einstellung verdeutlichen: die beiden Söhne einer Priesterin der Göttin Hera mit Namen Kleobis und Biton, zogen ihre Mutter über 10 km in einem Wagen zum Tempel, da keine Zugtiere verfügbar waren. Die Mutter bat die Göttin Hera, ihren beiden so wohlgeratenen Söhnen als Dank das Beste auf der Welt zukommen zu lassen, die daraufhin aus ihrem Erholungsschlaf nicht mehr erwachten. Solche Vorstellungen standen hinter dem angeblichen Tod des Marathonläufers. Die Legende entstand wohl dadurch, dass man in Athen den glücklichen Ausgang der Schlacht als herausragendes Ereignis – das Beste, was passieren konnte – stilisieren wollte. Der Dramatik, die hinter dem Narrativ vom Tod des Läufers steht, kann man sich aber bis heute nicht entziehen!

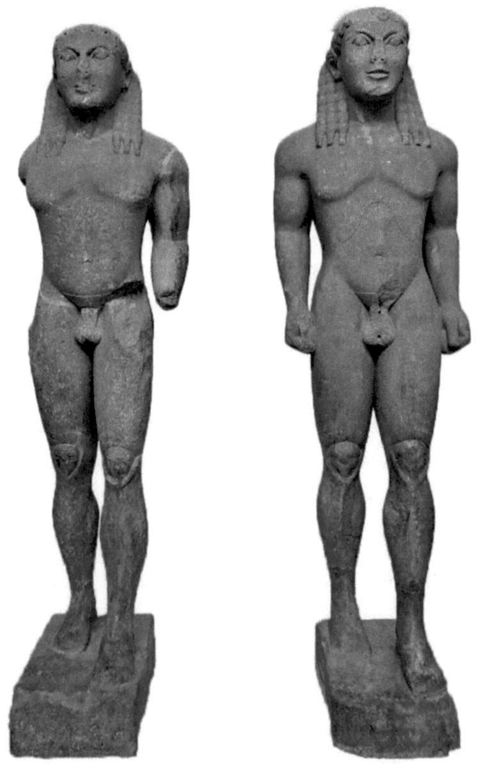

Abb. 15. Zwei starke Jungs, die beiden Brüder Kleobis und Biton, die am Höhepunkt ihres noch jungen Lebens sterben mussten. Ihre etwa 580 v. Chr. entstandenen Steinstatuen standen als Weihegeschenke im Apollo-Heiligtum von Delphi.

ATHENS FIRST

Der Sieg in Marathon wurde von der Stadt Athen hoch bejubelt. In der Folgezeit stilisierte man Marathon zu einem Erinnerungsort, um den Vorrang Athens zu legitimieren, das seit 431 im sog. Peloponnesischen Krieg in Auseinandersetzungen mit Sparta um die Vorherrschaft in Griechenland verwickelt war. Man verfügte in der Antike über bestimmte feste Schemata der Erinnerung, die auch bei vielen anderen Kriegsereignissen abgerufen wurden: es waren dies die Tatsache, dass der Feind von außen kam, er drückend überlegen war und der Sieg erstmalig – oder endgültig war. Wichtig war für Marathon v. a. die Tatsache, dass Athen den ersten Sieg gegen die Perser überhaupt in der Geschichte allein errungen hatte, zugegebenermaßen mit Unterstützung aus Platäa, aber eben ohne Sparta! Daraus konstruierte man sich in Athen eine Identität als politisch, militärisch und kulturell führende Macht Griechenlands. Durch zahlreiche Denkmale manifestierte sich dieser Anspruch:

Das hölzerne Tropaion an dem Ort, an dem die Schlacht entschieden wurde, wurde durch ein dauerhaftes Siegesmonument aus Marmor ersetzt: eine 10 m hohe Säule mit ionischem Kapitell und einer nicht erhaltenen Bekrönung darauf (S. 44, Abb. 11). So etwas wurde auch in der Neuzeit gerne noch als Erinnerung an Siege errichtet, nicht zuletzt sei hier die Siegessäule in Berlin genannt, die an diverse preußische Siege erinnern soll. Die Nachkommen des gefallenen attischen Oberbefehlshabers Kallimachos scheinen ein ähnliches Monument auf der Akropolis mit einer geflügelten Siegesgöttin – einer Nike (und ja, der amerikanische Sportartikelhersteller hat seinen Namen von der griechischen Siegesgöttin „geliehen") - obendrauf gestiftet zu haben. Dieses wurde allerdings bereits zehn Jahre später von den Persern wieder zerstört. Auch die Stadt Athen erinnerte mit mehreren Statuen und Denkmälern auf der Akropolis an Marathon. Auf dem Friedhof von Athen errichtete man ein Kenotaph (ein leeres Grabdenkmal) für die Gefallenen von Marathon, die man vor Ort beigesetzt hatte. Für eine Halle (=griech. Stoá) an der Agorá wurde ein großformatiges Gemälde in Auftrag gegeben, das noch sieben Jahrhunderte nach seiner Entstehung von dem Reiseschriftsteller Pausanias bewundert wurde. Diese Hallen waren im Prinzip Markthallen (Abb. 16). Die Stoá Poikile (= die bunte Halle), in der sich das Marathon-Gemälde befand, erlangte besondere Berühmtheit, da sich in ihr im 3. Jahrhundert v. Chr. eine Philosophenschule etablierte, die für die Seelenruhe eine ausgeprägte Affektkontrolle vorschrieb und die wir heute unter der Bezeichnung „Stoiker" kennen.

In Athen wurde die Erinnerung an die Marathon-Kämpfer somit quasi all überall aufrechterhalten; man begegnete ihnen beim Einkauf/Bummel am Marktplatz, auf dem Friedhof am Kerameikos, sowie mehrfach am Hauptheiligtum der Stadt auf der Akropolis. Auch außerhalb entkam man dem ruhmvollen Andenken nicht. Im von allen Griechen verehrten Apollon-Heiligtum von Delphi wurde im Auftrag und auf Kosten Athens am Beginn der sog. „Heiligen Straße", einem überaus prominenten Platz auf dem Weg zum Apollo-Tempel, ein aufwändiges Denkmal zur Verherrlichung des Marathon-Sieges von der berühmtesten Bildhauerwerkstatt Griechenlands dieser Zeit geschaffen. Es zeigte die Stammesheroen der einzelnen Phylen, die Stadtgöttin Athene, den Gott Apoll und den Feldherrn Miltiades. Ein weiteres Monument wurde direkt am Schatzhaus der Athener errichtet, von dem sich nur die Fundamentbasis erhalten hat, aber immerhin mit der Inschrift, dass es aus den Mitteln der bei Marathon gemachten Beute bezahlt worden war (Abb. 17). Ähnliche Erinnerungsmale haben sich auch im Zeusheiligtum von Olympia und an andern Orte befunden. Neben den Denkmälern erinnerte man in Athen aber auch mit Festen und Riten an den Sieg bei Marathon: Jedes Jahr am Jahrestag des Heeresauszug fand ein Opfer durch den jeweils amtierenden Oberbefehlshaber statt. Vor der Schlacht hatte man für den Fall des Sieges gelobt, dass jährlich der Göttin Artemis so viele Ziegen geopfert werden sollten, wie Feinde getötet worden waren. Da man in den Folgejahren aber

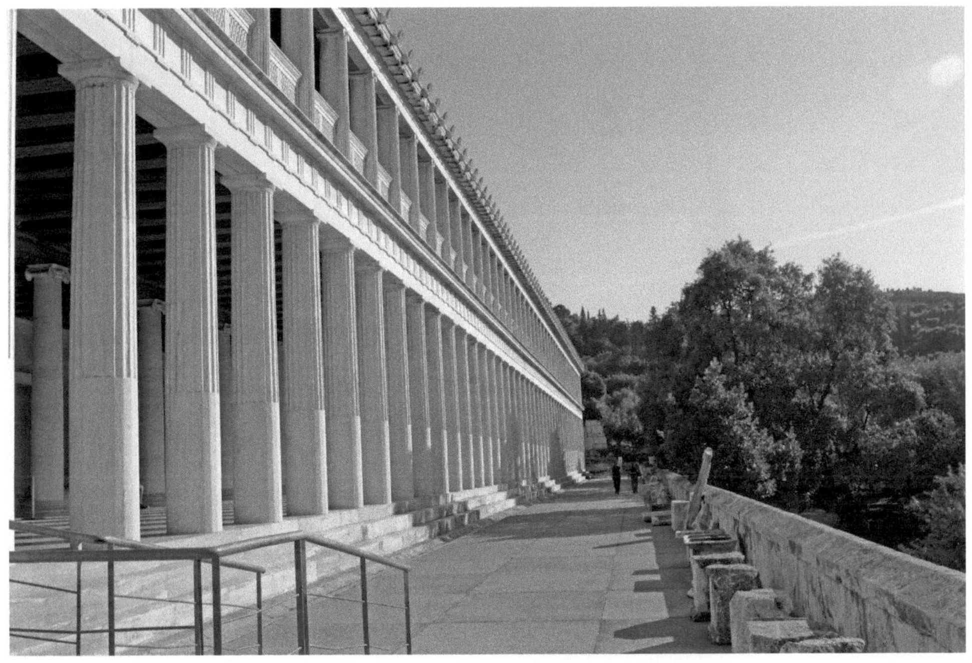

Abb. 16. Athen feierte seine Marathon-Helden. Unter anderem mit einem farbenprächtigen Gemälde in einer Markthalle wie dieser, die man auf der Agorá in Athen nachgebaut hat.

nicht immer genügend Ziegen auftreiben konnte, einigte man sich irgendwann auf die Zahl 500 – es muss trotzdem jedes Jahr ein unglaublich blutiges Spektakel gewesen sein. Am selben Tag zogen die attischen Rekruten = Epheben jedes Jahr mit Waffen in feierlicher Prozession zum Heiligtum der Artemis in der Nähe des Panathenäischen Stadions und veranstalteten dort einen Wettkampf, dessen Disziplin in den antiken Quellen allerdings nicht genannt wird – sind sie dann gelaufen? Man möchte schon annehmen, dass sie in Erinnerung an den Verlauf der Schlacht, in der ihre Vorfahren den persischen Geschoß-hagel unterlaufen hatten, einen Waffenlauf veranstaltet

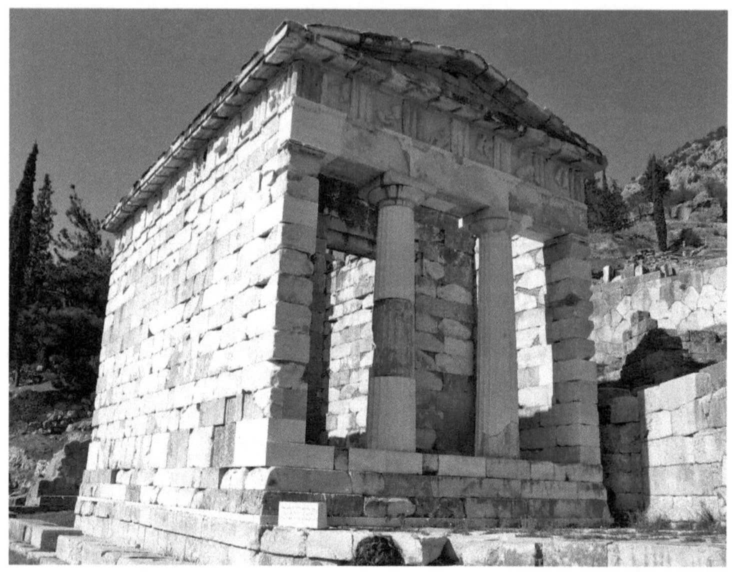

Abb. 17. Heute wirkt die Außenwand des Schatzhauses der Athener im Heiligtum von Delphi fast nackt. In der Antike stand hier ein großartiges Denkmal für die Marathon-Sieger.

haben. Waffenläufe spielten in Athen tatsächlich eine große Rolle, sie gehörten zur militärischen Ausbildung ebenso wie zu den sportlichen Wettkämpfen bei den großen Stadtfesten. In regelmäßigen Abständen unternahmen die Epheben auch einen Festzug nach Marathon selbst, um am Grab der Gefallenen einen Kranz und Opfer darzubringen. Die Schlacht von Marathon wurde somit in der kollektiven Erinnerung Athens bewusst hochgejazzt, um die eigene Vormachtstellung zu legitimieren, obwohl es sich dabei eigentlich nur um eine kurze persische Racheexpedition gehandelt hatte. In Athen war damit auch der Boden für die patriotische Erfindung eines militärischen Helden geschaffen.

MILTIADES, DER HELD ?

Die Protagonisten der Schlacht von Marathon ereilte schnell ihr Schicksal. Der persische König, Dareios der Große, überlebte die Schlacht nicht lange. Er starb bereits vier Jahre später – an einer Erkrankung wie es heißt – und wurde in einem prächtigen Felsengrab bei Naqsch-e Rostam beigesetzt.

Nachfolger wurde sein Sohn Xerxes I., der sofort begann, neue Expeditionen gegen Athen vorzubereiten, die zehn Jahre später dann auch tatsächlich stattfanden. Artaphernes, einer der beiden persischen Kommandanten bei Marathon war da wieder mit dabei, über das Schicksal des anderen, Datis, schweigen die Quellen. Der griechische Oberbefehlshaber Kallimachos war in der Schlacht gefallen. Unglücklich, fast tragisch verlief das weitere Leben des Miltiades, der heute prominenteste der zehn Feldherren auf attischer Seite. Schon im darauffolgenden Jahr 489 v. Chr. erbettelte er sich von den Athenern 70 Schiffe (das dürfte zu dem Zeitpunkt fast die gesamte Flotte Athens gewesen sein), um einige Kykladeninseln vom persischen Einfluss zu befreien.

Dabei kam es zu einer Belagerung der Insel Paros, die Miltiades jedoch abbrach, wahrscheinlich aufgrund eines falsch verstandenen Feuersignals. Zurück in Athen wurde er deshalb wegen Bestechlichkeit und Hochverrat angeklagt, denn man glaubte, er hätte mit den Persern einen deal abgeschlossen. Davon wurde er zwar freigesprochen, aber trotzdem zu einer horrenden Geldstrafe verurteilt, die sich an der Höhe der Staatsausgaben für dieses Unternehmen orientierte. Diese Summe konnte er natürlich nicht zahlen, so dass er in Schuldhaft musste, wo er an den Folgen einer Verwundung, die er sich bei dem Paros-Unternehmen zugezogen hatte, im Alter von etwas über 50 Jahren verstarb. Was für ein tragisches Ende! Keine 10

Jahre später war jedoch sein Sohn Kimon zu einem der führenden Politiker und Strategen Athens herangewachsen und der arbeitete intensiv daran, den Ruf seines Vaters wieder herzustellen bzw. besonders herauszustreichen.

Dieser Kimon wurde zu einer der mächtigsten Persönlichkeiten, welche die öffentliche Meinung in Athen bestimmten. Die enormen väterlichen Schulden, die natürlich auf den Sohn übergegangen waren, konnte er durch eine reiche Heirat bezahlen. Durch Kimons Einfluss schrieb man Miltiades dann offenbar sehr schnell eine besonders bedeutende Stellung in der Schlacht bei Marathon zu, wie man den bereits den Schilderungen Herodots aus der Zeit etwa 450 v. Chr. entnehmen kann. So lobt Herodot den besonderen Mut und die Entschlossenheit des Miltiades, da dieser den Angriff begonnen hätte – nach den oben geschilderten Umständen (S. 35) ist aber eher wahrscheinlich, dass die Perser den Angriff gestartet hatten. Besonders hervorgehoben wird auch die Ehrenhaftigkeit des Miltiades: normalerweise wechselten die zehn Feldherren jeden Tag ab, wer die Befehlsgewalt im attischen Heer hatte und Miltiades hatte angeblich die anderen bereits zum Angriff überredet, dann aber bis zum Tag „seines" Oberbefehls gewartet, bis er den Angriff tatsächlich befahl – das ist in militärisch/strategischer Hinsicht mehr als unglaubwürdig!

Eine gewisse Rolle muss Miltiades in der Schlacht aber gespielt haben, denn gar so dreist hätte auch ein Kimon die öffentliche Meinung nicht manipulieren können. Am ehesten wahrscheinlich ist, dass er bei dem Entschluss, nicht in der Stadt auf die Perser zu warten, entscheidend beteiligt war und ebenso bei der Aufstellung der mittig ausgedünnten Schlachtordnung. Die Legendenbildung um den Helden Miltiades wurde von seinem Sohn auch im Bildprogramm vorangetrieben: er bekam ein eigenes Denkmal in Marathon, das heute aber nicht erhalten geblieben ist. Auf dem in Delphi anlässlich des Sieges errichteten Denkmals war er als einziger Sterblicher unter den Göttern abgebildet und auf dem großen Gemälde in der stoá poikile in Athen war er neben dem Oberbefehlshaber Kallimachos der einzige Kämpfer, der namentlich bezeichnet war.

Das unglückliche Lebensende des Miltiades konnte sein Sohn Kimon so vergessen machen und gleichzeitig seinen Ruf als großer Held und Stratege zementieren. Diese Legende um Miltiades hält bis heute an. Auch moderne seriöse Wissenschaftler sind nicht davor gefeit, wie die Episode um den Helm des Miltiades zeigt. 1940 wurde von einem deutschen Grabungsteam in Olympia ein korinthischer Helm ausgegraben. Bei seiner Restaurierung, die wegen des 2. Weltkrieges erst 13 Jahre nach der Entdeckung stattfinden konnte, entdeckte man am unteren Klappenrand die griechische Inschrift

$$\text{Μιλτιάδες ἀνέ[θ]εκεν [: τ]οῖ Δί}$$

(Miltiádes anétheken toí Dí), was man am besten mit „Miltiades weihte ihn dem Zeus" übersetzt. Nahezu einhellig in der archäologischen Forschung wurde der Helm zum Helm des Marathon-Siegers stilisiert, den dieser persönlich am größten Zeus-Heiligtum der Griechen als Dank für den Sieg geweiht hatte. Aber – kann man wirklich davon ausgehen, dass im immerhin 10.000 Mann umfassenden attischen Heer vor Marathon nur ein einziger Hoplit kämpfte, der den Namen Miltiades trug? Ganz so selten war dieser Name nämlich nicht, der Marathon-Miltiades ist sogar selbst der Sohn eines Miltiades. Und dieser senior war ebenfalls einmal siegreich in einer Schlacht – er könnte genauso gut derjenige gewesen sein, der in Olympia seinen Helm den Unsterblichen geweiht hatte. Aber – die Legende lebt, nur zu gerne und immer wieder wird der olympische Helm als der des Marathon-Siegers vorgestellt und abgefeiert.

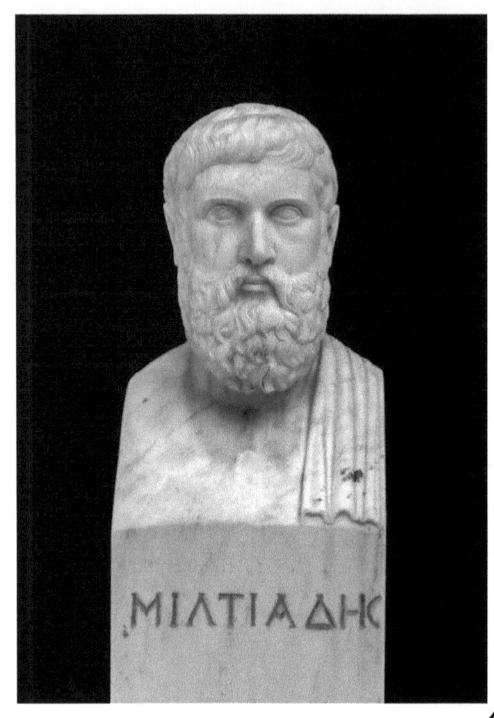

Abb. 18. Ob er tatsächlich so ausgesehen hat? Miltiades, der Jüngere, Feldherr in der Schlacht von Marathon.

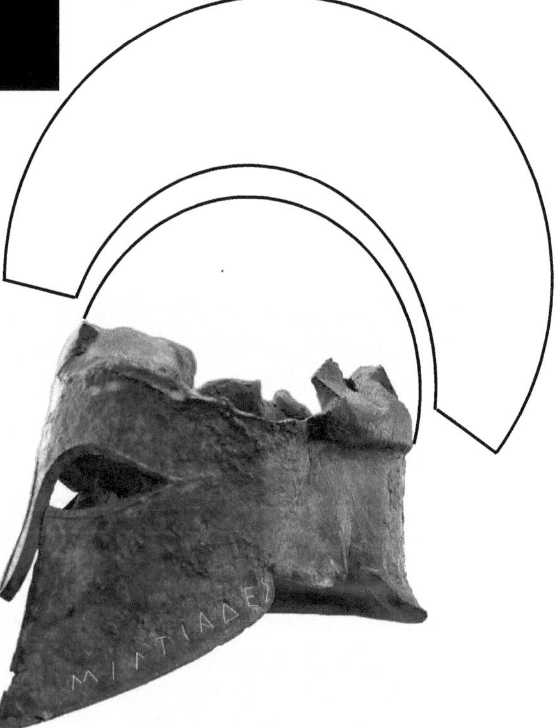

Abb. 19. Der Helm aus Olympia, der einmal einem Miltiades gehörte.

DIE GRABHÜGEL DER GEFALLENEN

Bei dem modernen Wettlauf von Marathon nach Athen ist es sicher einer der am meisten Gänsehaut erzeugenden Momente, wenn man im Laufschritt gemeinsam mit Hunderten anderen Läufern den sog. Grabhügel der 490 v. Chr. in der Schlacht gefallenen Athener umrundet. Er ist heute ein nationales Monument, umgeben von einer abgesperrten, gepflegten Grünanlage, die auch für verschiedene Zeremonien in Zusammenhang mit dem modernen Wettbewerb genutzt wird.

Mit einem Durchmesser von 50 und einer Höhe von 9 m ist der Grabhügel ein wirklich sehr beeindruckendes Monument. Allerdings stellt der heutige Zustand nicht das ursprüngliche Erscheinungsbild dar, sondern ist das Ergebnis einer aufwändigen landschaftlichen Umgestaltung mit Anlage einer Prachtstraße und eines Besucherparkes, verbunden mit einer großzügigen Aufschüttung des Hügels, die 1967 auf Betreiben der damals in Griechenland herrschenden Militärjunta geschah – auch diese hielten das Andenken an den Triumph von Marathon aufrecht!

Normalerweise wurden in der Antike in der Schlacht gefallene Athener in aufwändigen Grabmälern direkt vor den Toren Athens bestattet, die Bestattung auf dem Schlachtfeld galt schon einmal als besondere Ehrenbezeugung. Die Errichtung von Grabhügeln war um 490 v. Chr. in Griechenland aber eigentlich nicht mehr gebräuchlich, das ist eine Bestattungsform der vorhergehenden Zeit und muss in diesem Fall als Zeichen für eine Art Heroisierung der Toten gesehen werden. Anzahl und Namen der attischen Gefallenen waren bekannt – die der Platäer sind nicht überliefert. Athen hatte 192 tote Bürger zu beklagen – möglicherweise ließen auch noch zahlreiche Sklaven ihr Leben, worüber man aber nicht weiter berichtete. Die Namen der toten Bürger waren in Steintafeln, die auf dem Grabhügel standen, eingemeißelt und im Gedächtnis der Stadt gegenwärtig. Die Zahl der getöteten Perser schätzt Herodot auf sage und schreibe 6400 - eine enorme Anzahl, die aber kaum glaubhaft ist. Glaubhaft bestätigen kann man nur die Anzahl von mindestens 500 gefallenen Persern, denn dies ist die Zahl der jährlich im Andenken an die Schlacht geopferten Ziegen, auf die man sich einmal geeinigt hatte (S. 41). Bei der Zahl 6400 handelt es sich dagegen eher um eine Zahlenspielerei, wie sie in der Antike sehr beliebt war: multipliziert man nämlich 192 (die Anzahl der gefallenen Athener) mit der magischen Zahl 33 ⅓, so ergibt das 6400. So etwas liebte man in der Antike. Wichtig war hier keine Detailgenauigkeit, sondern mit einer Fabelzahl die gewaltige Übermacht des Gegners und damit die Bedeutung des Sieges zu betonen!

Am sogenannten Grabhügel der Athener fanden am Ende des 19. Jahrhunderts zwei reguläre Ausgrabungen statt, zuvor hatte es schon Schürfungen und Raubgrabungen ohne irgendeine Dokumentation gegeben. Die erste Ausgrabung, im Jahre 1884, leitete kein geringer als Heinrich Schliemann, der deutsche Entdecker von Troja. In Marathon scheint er an der falschen Ecke des Hügels den Spaten angesetzt zu haben, denn er fand nur wesentlich ältere, bronzezeitliche Scherben und Pfeilspitzen sowie wenige Tierknochen. Er interpretierte den Hügel demnach als Kenotaph, also als eine Art Scheingrab.

Der Grieche Valerios Stais, der Direktor des Griechischen Nationalmuseums in Athen, war bei seinen Ausgrabungen 1890/91 dagegen erfolgreicher: im Norden des Grabhügels entdeckte er – etwas überraschend - spätrömische Gräber aus dem 3./4. Jh. n. Chr., im Südosten stieß er dagegen auf eine Ascheschicht, die menschliche und tierische Knochen, Holzkohle, Eierschalen und die Scherben von etwa 30 griechischen Vasen enthielt. Zudem konnte er eine von Tonplatten gefasste Opferrinne mit Resten von Asche und Scherben feststellen, die zeigt, dass man an diesem Platz ein Totengedenken gefeiert hatte. Schließlich fand er noch ein Gefäß, das als Urne benutzt worden war, also die Aschenreste eines Menschen enthielt – für ihn und nahezu alle Fachkollegen waren das eindeutig die Überreste des Oberbefehlshabers Kallimachos! Die Deutung als Grabstätte der gefallenen Athener schien damit für die Fachwelt klar, wird aber heute mit guten Gründen angezweifelt. Opferrinnen kommen nämlich auf andern griechischen Gräberfeldern bereits ab 550 v. Chr. aus der Mode und auch das chronologische Spektrum der gefunden Gefäße ist sehr groß. Die ältesten Vasen aus dem Grabhügel datieren bereits um 570 v. Chr., sind also fast 100 Jahre vor der Schlacht von Marathon entstanden. Man kann also nicht mit letzter Sicherheit ausschließen, dass es sich bei diesem Grabhügel um eine etwas ältere prominente Grabstätte einer vornehmen lokalen Familie handelt, die in spätrömischer Zeit als Grabstätte wieder benutzt wurde. Die nüchterne moderne Wissenschaft kann somit keinen hundertprozentigen Beleg dafür liefern, dass in diesem Grabhügel tatsächlich die gefallenen Athener bestattet waren, aber das schafft der Mythos, der an ihm hängt– und das offenbar seit langer Zeit! In grauer Vorzeit hat es in der Ebene von Marathon sicherlich eine größere Anzahl von Grabhügeln gegeben, von denen die meisten durch landwirtschaftliche Nutzung über die Jahrhunderte hinweg eingeebnet worden sind. Das geschah mit genau diesem Grabhügel nicht, man verschonte ihn, nahm das Gelände über Hunderte von Jahren nicht unter den Pflug, so dass er noch im 19. Jahrhundert die umgebende Landschaft dominierte. Warum hätte man ausgerechnet ihn verschonen sollen – wenn nicht die Legende vom Grab der Helden der Marathonschlacht mit ihm verbunden gewesen wäre?

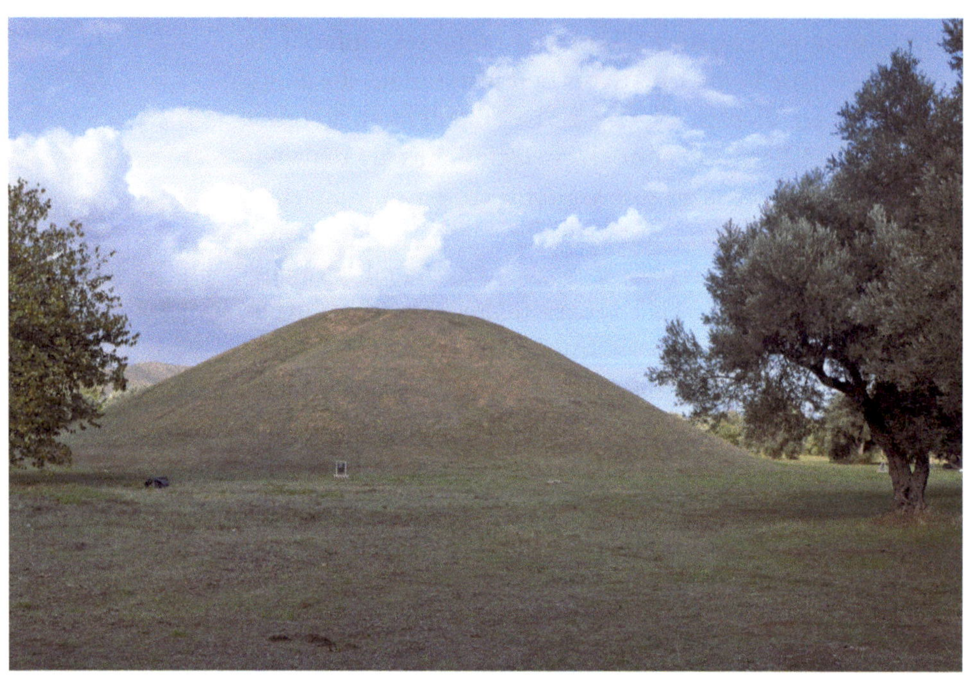

Abb. 20. Der Grabhügel der gefallenen Athener bei Marathon.

Es gibt allerdings noch einen weiteren, gut im Gelände erkennbaren, aber wesentlich kleineren Grabhügel (Duchmesser 35 m, Höhe 3 m) in der Ebene von Marathon, bei Vrana, in der Nähe der Kirche St. Demetrios. Er wurde in den 60er Jahren von Spiridon Marinatos etwa zu Hälfte ausgegraben und hier lassen sich die Grabungsergebnisse viel besser in einen Zusammenhang mit der Schlacht von Marathon bringen. Marinatos entdeckte nämlich 11 Gräber, bis auf einen 10 jährigen Buben ausnahmslos die Bestattungen von Männern in bestem Alter. Zwei davon wiesen schwere Kopfverletzungen auf, waren also wahrscheinlich in der Folge eines Kampfgeschehens verstorben. Möglicherweise handelt es sich bei diesem Grabhügel um den der gefallenen Platäer. Wir wissen durch antike Nachrichten, dass die beiden Städte zwei unterschiedliche Gräber für ihre Toten angelegt hatten. Die Gefallenenanzahl würde auf jeden Fall sehr gut in Relation zu den toten Athenern stehen. Etwa 20 toten Platäern (der Grabhügel wurde nur zur Hälfte ausgegraben) bei einer Bataillonstärke von 1.000 Mann würden prozentual 192 (von 10.000) gefallenen Athenern schon recht gut entsprechen.

Und die persischen Toten? Die Athener versicherten Pausanias 600 Jahre nach der Schlacht, dass ihre Vorfahren die Perser in einem Massengrab bestattet hätten, er selbst sah keine Spuren mehr davon. Bauern in der Marathonia berichten, dass bei Ackerarbeiten im Umfeld der modernen Olympiaregattastrecke immer wieder menschliche Skelettreste zutage treten....

AND MARATHON BECAME A MAGIC WORD....

Im 19. Jahrhundert wird die Story um die antike Schlacht bei Marathon wieder neu belebt. Das ist ein Phänomen, das eng mit den gesamt-europäischen Ereignissen dieser Zeit zusammenhängt. Um es zu erklären, muss man ein bisschen weiter in der Geschichte ausgreifen: das römische Reich wurde 395 n. Chr. in zwei unabhängige Teile mit unterschiedlichen Hauptstädten geteilt. Das Weströmische Reich mit der „alten" Hauptstadt Rom ging im 5. Jahrhundert n. Chr. in den Stürmen der Völkerwanderungszeit unter, während das oströmische mit der Hauptstadt Konstantinopel (=Byzanz=Istanbul) bis zum Jahr 1453 bestand. In diesem Jahr eroberten die Türken die Hauptstadt und auch Griechenland geriet damals unter türkische Herrschaft. In den 20er Jahren des 19. Jahrhunderts kam es dann immer wieder zu Aufständen gegen die türkische Oberherrschaft. Unterstützt von den damaligen

Großmächten England, Frankreich und Russland erlangte Griechenland nach der Seeschlacht von Navarino 1827 schließlich seine Selbständigkeit. Ein Staatsoberhaupt zu finden war nicht ganz einfach und man entschloss sich dann, einen europäischen Fürsten zum König zu wählen.

Man entschied sich 1832 für einen 16 jährigen Prinzen aus Bayern, Otto, dessen Bruder Ludwig später König von Bayern werden sollte. Nein – nicht Ludwig II., der Märchenkönig, sondern dessen Großvater Ludwig I., ein Griechenlandfan, der mit seinen Bauprojekten wie Glyptothek, Propyläen und Antikensammlung am Königsplatz das ehrgeizige Ziel verfolgte, München in ein „Isar-Athen" zu verwandeln. Griechenland stand in dieser Zeit politisch im Mittelpunkt des europäischen Interesses. Die ersten europäischen Bildungsreisenden konnten in das touristisch noch völlig unerschlossene Griechenland reisen. Und alle, wirklich alle Griechenland-Reisende dieser Zeit fuhren auch nach Marathon – als Bildungsbürger zumeist mit dem antiken Reiseführer des Pausanias in der Hand. Ein dort noch deutlich im Gelände sichtbare Grabhügel, die hochemotionale Story um den dramatischen Tod des ersten Läufers beflügelte die Phantasie aller europäischen Bildungsbürger.

Natürlich lag es da auch nahe, den Kampf Athen gegen Persien mit dem Kampf Griechenland gegen Türkei, West gegen Ost gleichzusetzen und mit Marathon fand man dafür die ideale Projektionsfläche. Lord Byron (1788-1824), ein Dichter und wohl der wichtigste Vertreter der englischen Romantik war ein Teilnehmer am Unabhängigkeitskrieg – selbstverständlich auf griechischer Seite – und drückt diesen Zusammenhang in gefühlvollen Gedichten aus, die von der europäischen Leserschaft seiner Zeit verschlungen wurden, auch das im Titel zitierte „... and Marathon became a magic word.." stammt von ihm.

The mountains look on Marathon
And Marathon looks on the sea
And musing there an hour alone,
I dream'd that Greece might still be free,
for standing on the Persians grave
i could not deem myself a slave.
(Lord Byron, im Don Juan 1821-1823)

Die Berge schauen auf Marathon
Und Marathon schaut auf das Meer
Eine Stunde grübelte ich dort allein
Und träumte, Griechenland wär frei,
Als ich auf dem Grab der Perser stand,
konnt ich mir nicht vorstellen,
ein Sklave zu sein.
(Übers. Verf.)

Nicht nur in Reiseberichten, Erzählungen und Gedichten, auch in Gemälden wurde der Mythos von Marathon gefeiert. Der Bruder des neuen griechischen Königs, der bayerische König Ludwig I., schickte seinen Hofmaler Carl Rottmann 1834/35 nach Griechenland, der ihm Landschaftsprospekte der berühmtesten griechischen Orte für einen Zyklus in seiner Neuen Pinakothek malen sollte und natürlich musste Marathon da dabei sein. Das in diesem Zusammenhang entstandene Gemälde hat heute eine herausragende Stellung in der Landschaftsmalerei des 19. Jahrhunderts. In der menschenleeren und baumlosen, fast steppenartig wirkenden Ebene ist im Vordergrund vage eine Ruine zu erkennen – vielleicht Reste eines Siegesdenkmals, das Rottmann dort im Gelände sah? In der Farbgebung meisterhaft eingefangen ist die Verdüsterung des Horizontes.

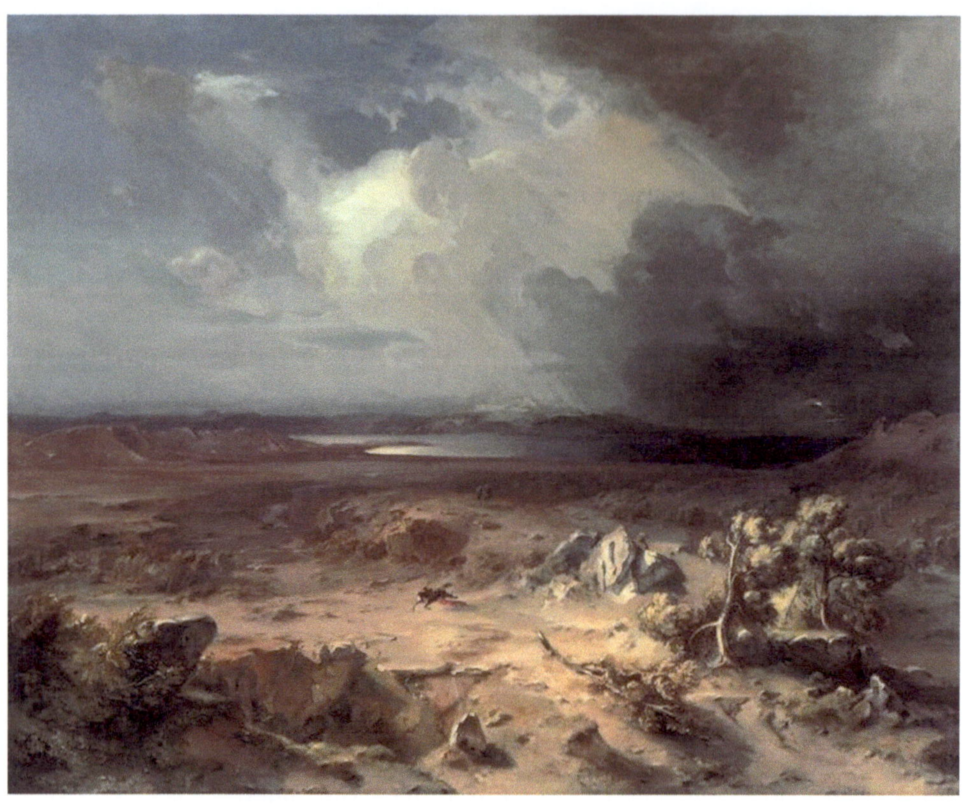

Abb. 21. Der König Ludwig I. war beeindruckt! Ein monu-
mentales Gemälde der Ebene von Marathon von großartiger
Wirkung, im Original 2 x 1,6 m groß. C. Rottmann, Marathon.

Von der Meerseite zieht eine Gewitterfront herein, ein
Symbol für eine dunkle Bedrohung, die vom Meer her
kommt – jeder Betrachter des Bildes im 19. Jahrhundert
hat hier an die persische Flotte gedacht! Ein reiterlos da-
hinstürmendes Pferd mit einer blutroten (!) Satteldecke
weist – recht dezent – auf das Schlachtgeschehen hin. Der
bayerische König war davon angetan: „...das Schlachtfeld
von Marathon hat mir sehr, ja sehr gefallen. Es ist von
ausgezeichneter Wirkung...“

Auch wenn die Schlacht letztendlich nur eine Episode in den antiken Perserkriegen war, wurde sie im 19. Jahrhundert zum Symbol für einen siegreichen nationalen Unabhängigkeitskampf eines europäischen Landes gegen eine feindliche östliche Macht.

Manche Legenden leben immer weiter fort. So wird heute von einigen Wissenschaftlern mit großer Überzeugungskraft die Meinung vertreten, die Schlacht von Marathon hätte an 9/11 stattgefunden, am Tag der islamistischen Anschläge auf das World Trade Center in New York – ein weiterer Kampf West gegen Ost. Das ist aber ebenfalls nur eine Projektion. Wirklich sicher kann man für die Schlacht bei Marathon nur von einem Termin irgendwann Ende August bis Mitte September im Jahr 490 v. Chr. ausgehen.

Spyridon Louis – der erste Marathonläufer

Im Zuge dieser großen Griechenland-Begeisterung des 19. Jahrhunderts ist auch die Idee des französischen Barons Pierre de Coubertin (1863–1937) zu sehen, nach über 1500 Jahren die Olympischen Spiele mit einer Veranstaltung in Athen wieder zu beleben. Auf Anregung seines Freundes Michel Bréal nahm Coubertin einen Langstreckenlauf von Marathon nach Athen in das Programm der Spiele auf, „...um den Geschmack der Antike zu haben...“ (Brief Bréals an Coubertin vom 15. 9. 1894), Das war in dieser Zeit ein komplett neuer sportlicher Wettbewerb, denn die antiken olympischen Spiele kannten gar keinen Langstreckenlauf. Die längste Strecke, die da gelaufen wurde, war der sog. „Dolichos“, über eine Distanz von etwas über 4500 m, eine Streckenlänge, die heutige Marathonläufer nur schmunzeln lässt. Die Idee wurde vom neu gegründeten Olympischen Komitee mit riesiger Begeisterung aufgenommen und der Marathonlauf als Finale und damit als Höhepunkt der Spiele von 1896 festgesetzt. Start war am 10. April 1896 gegen 13:00 in Marathon, die Streckenlänge betrug um die 40 km, gelaufen wurde die flachere der beiden möglichen Routen, auf der heute noch weitgehend der Athen-Marathon gelaufen wird – über die Mesogeia (S. 48, Abb. 12). Sicher nachweisbar am Start waren 17 namentlich bekannte Läufer, davon sage und schreibe 13 Griechen, daneben noch ein Ungar, ein Australier, ein Franzose und ein US-Amerikaner. Die Aufstellung macht klar: es ging um den Mythos, es ging um den Nationalstolz, es wurde erwartet, dass ein Grieche den Marathonlauf gewinnt! Nachdem es sich um einen völlig neuen Wettbewerb handelte, waren die Sportler natürlich nicht entsprechend auf einen solchen Lauf vorbereitet/trainiert. Angeblich haben Test- und Ausscheidungsrennen, die zuvor in Griechenland stattgefunden hatten bereits Todesopfer gefordert – wahrscheinlich sind auch das aber wieder Legenden! Die griechischen Läufer scheinen demnach jedoch die Strecke vorher einige Male trainiert zu haben, von den vier anderen Läufern war nur einer, der Ungar Gyula Kellner, diese Strecke vorher schon zum Test gelaufen. Die anderen drei waren Mittelstreckler, Spezialisten, die zuvor die Medaillen über die 1500m untereinander ausgemacht hatten, was den Rennverlauf dann auch eindeutig erklärt. Diese drei „Ausländer", d.h. Nicht-Griechen waren offenbar in einem Mördertempo gestartet, hatten natürlich die Führung übernommen und mussten dann einer nach dem anderen aufgeben. Ein klassischer Fehler, der einem geschulten Marathonläufer nur sehr selten unterlaufen wird! Für Edwin Flack (AUS), Albin Lermusiaux (FRA) und Arthur Blake (USA) findet sich in der Ergebnisliste deshalb das für jeden Marathonläufer zutiefst deprimierende DNF = Did not finish.

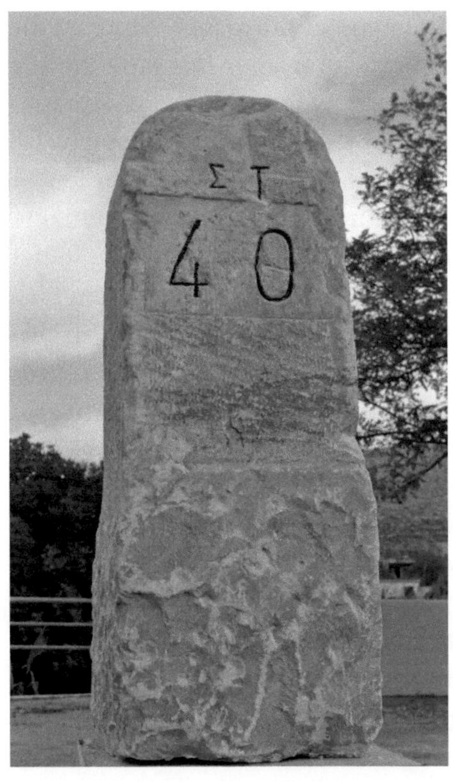

Abb. 22. Der Startpunkt des ersten Olympischen Marathonlaufes über 40 km.

Der entsprechend trainierte Ungar erreichte dagegen das Ziel und erhielt nachträglich die Bronzemedaille, nachdem der drittplatzierte Spyridon Belokas disqualifiziert worden war – er war zwischenzeitlich auf einem Pferdefuhrwerk mitgefahren. Bei km 22, einem fiesen Anstieg auf der Strecke, konnte schließlich der spätere Sieger Spyridon Louis die Führung übernehmen, die er dann mit triumphalen 7 Minuten Vorsprung ins Ziel im Panathinaiko-Stadion in Athen brachte. Zielzeit 2 h 58 min, 50 sek – sub 3, also unter 3 Stunden, da nickt der Hobbyläufer anerkennend, auch für „nur" 40 km eine respektable

Zeit angesichts der damaligen Verhältnisse – heute ist die Weltspitze der männlichen Läufer aber fast eine Stunde schneller über die 42,195 km. Die Legenden auch um diesen ersten olympischen Lauf sind unendlich: Louis wäre das erste Mal überhaupt in richtigen Schuhen gelaufen, er hätte unterwegs ein Glas Wein (oder Cognac) getrunken, seinen Sieg auf der Hälfte der Strecke vorhergesagt, in der Nacht zuvor gefastet und gebetet, er wäre nach dem Sieg noch in sein Heimatdorf Maroussi gelaufen ein griechischer Millionär hätte ihm seine Tochter als Braut versprochen (Louis war bereits verheiratet...) usw. usw.. Wahr ist dagegen, was immer gerne verschwiegen wird, dass Louis eigentlich unter der US-amerikanischen Flagge gestartet ist, da er bei den Testläufen ausgeschieden war und von Griechenland deshalb nicht in die offizielle Mannschaft aufgenommen worden war. Er war ein sozialer underdog, stammte aus einfachsten Bevölkerungsverhältnissen und verdiente seinen Unterhalt als Schafhirte und Wasserkutscher. Mit seinem Sieg war er zum griechischen Nationalhelden geworden, sein Mythos wird in Griechenland sehr hoch gehalten und er ist tatsächlich bis heute der einzige Grieche, der den Marathonlauf bei Olympischen Spielen gewonnen hat. Sein Lebensstil blieb danach aber recht bescheiden, die Preisgelder die er erhielt, waren nicht übermäßig: ein Stück Land, ein Eselskarren und eine Ziege. Spyridon Louis ist danach klugerweise auch kein einziges weiteres Rennen mehr gelaufen, womit er seinen Mythos hätte zerstören können. Sein Ruhm schützte ihn aber nicht davor, später einige Zeit wegen Urkundenfälschung im Gefängnis verbringen zu müssen. 1936 wurde er von Hitler zu den Olympischen Spielen nach Berlin eingeladen und dort als Ehrengast begrüßt – auch die Nazis bedienten sich des Mythos von Marathon!

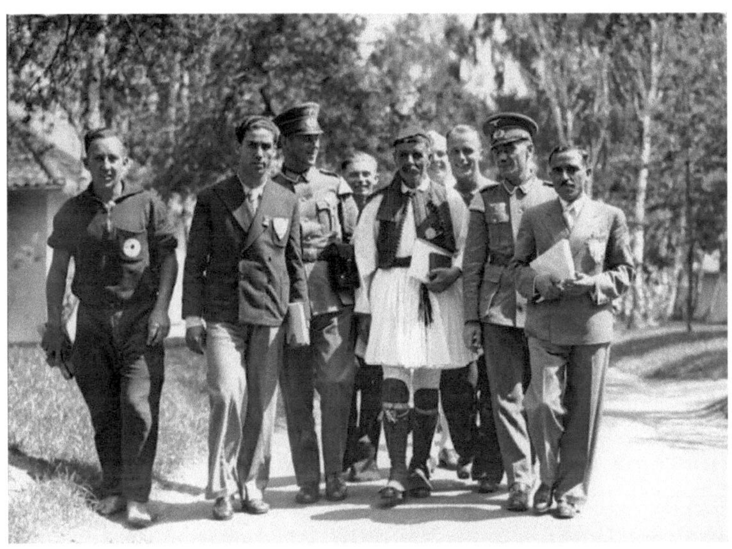

Abb. 23. Spyridon Louis 1936 bei den Olympischen Spielen in Berlin.

GÄNSEHAUTMOMENTE

Der Zieleinlauf des Spyridon Louis 1896 in Athen muss atemberaubend gewesen sein. Das Panathinaiko-Stadion war voll besetzt und ein berittener Bote brachte die Botschaft vorab ins Stadion, dass ein Grieche in Führung lag. Das Publikum begann zu toben, zwei griechische Prinzen begleiteten Louis auf den letzten Metern im Laufschritt, die Nachbarin des Barons Coubertin warf ihm (angeblich) ihre Perlenkette zu – die Begeisterung kannte keine Grenzen, Griechenland fiel in einen nationalen Siegestaumel! Tatsächlich war es dieser Marathonlauf, der entscheidend zum Erfolg der Olympischen Spiele und der olympischen Idee beitrug.

Immer wieder – bis heute – kreiert der Marathonlauf dramatische Ereignisse, die zu seiner Faszination, zu seiner Legende beitragen. 1908 – als die heute „klassische" Länge des Marathonlaufs bei der Olympiade in London entstand, erreichte der Italiener Dorando Pietri mit großem Vorsprung als erster das Ziel. Völlig entkräftet brach er auf der letzten Zielrunde mehrmals zusammen und einige Zuschauer mussten ihm über die Ziellinie helfen. Der Beschwerde des US-amerikanischen Teams wegen dieser unerlaubten Hilfeleistung wurde stattgegeben und der Sieg dann dem zweitplatzierten Amerikaner John Hayes zuerkannt. Kein Geringerer als Arthur Conan Doyle, der Erfinder von Sherlock Holmes, hat diese Story in einem emotionalen Bericht in der Daily Mail vom 25. Juli 1908 bekannt gemacht. Dass Conan Doyle Pietri persönlich über die Ziellinie geholfen hatte ist aber eine weitere der zahlreichen Legenden in der Geschichte des Marathonlaufes.

Gänsehaut erzeugt auch im nachhinein noch der Bericht vom Marathonlauf bei den Olympischen Spielen 1960 in Rom. Am Start war wie 1896 wieder ein bis dahin in der Laufszene völlig unbekannter Schäfer – Abebe Bikila aus Äthiopien. Auch er hatte – wie Spyridon Louis – offenbar ein Problem mit seinen Schuhen. Während Louis angeblich seine ersten paar richtige Laufschuhe erst kurz vor dem Lauf geschenkt bekommen hatte, lief Bikila tatsächlich barfuß zum Sieg, wie er es aus dem Training gewohnt war und erwies sich damit als ein wahrer Nachfolger der antiken hemerodoromoi. Vier Jahre später konnte er seinen Erfolg bei der Olympiade in Tokio wiederholen – Fotoaufnahmen belegen allerdings eindeutig, dass er 1964 dann schon in Schuhen angetreten war.

Sportgeschichte wurde 1967 beim Boston-Marathon geschrieben. Mit der Startnummer 261 war ein Läufer mit dem Namen K. V. Switzer gemeldet. Im Rennverlauf stellte sich heraus dass es sich bei diesem skandalöserweise um eine Frau handelte – und Frauen traute man zu diesem Zeitpunkt im offiziellen Wettkampfgeschehen lediglich Strecken bis maximal 800 m zu! Streckenposten versuchten, Katherine Switzer die Startnummer abzureißen und von der Strecke zu nehmen, was durch das beherzte Eingreifen ihres Mitläufers und späteren Ehemannes jedoch mißlang. Switzer konnte so das Rennen beenden, das Gerangel löste jedoch heftige Diskussionen über den Frauensport aus und führte letztendlich dazu, dass unsinnige Statuten aufgehoben wurden und heute auch Frauen über die langen und ultralangen Distanzen ganz selbstverständlich an den Start gehen können. Der Boston-Marathon ist der älteste regelmäßig stattfindende Stadtmarathon der Welt, er wurde bereits ein Jahr nach den ersten Olympischen Spielen der Neuzeit in Athen ins Leben gerufen. 1897 starteten in Boston 15 Läufer, heute ist die Teilnehmerzahl wegen des großen Andrangs auf 24.000 Teilnehmer begrenzt, die gute bis sehr gute Laufzeiten aufweisen müssen, um überhaupt zum Start zugelassen zu werden. Obwohl dadurch prestigeträchtig, gehört er mit diesem Teilnehmerfeld doch zu den eher kleinen Stadtmarathons, bei denen – wie beispielsweise in Berlin – über 45.000 Läufer an den Start gehen. Besonders faszinierend ist, dass in diesen Läufern die Weltspitze gemeinsam mit dem normalen Hobbyläufer unterwegs ist. So etwas gibt es bei keiner anderen Sportart. Einer der persönlichen Gänsehautmomente der Verfasserin besteht darin, kurz hinter der Halbmarathonmarke am 16. September 2018 in Berlin durch Zurufe von Zuschauern erfahren zu haben, dass viel weiter vorne Eliud Kipchoge soeben den Weltrekord im Marathonlauf mit einer Zeit von 2:01:39 gebrochen hatte.

I'AM LEGEND

Mit jedem Marathonlauf erfindet ein Läufer den Mythos des Marathonlaufes für sich selbst neu, denn der Marathon bringt einen an seine physischen und psychischen Grenzen. Aufgrund der Länge der Strecke werden die im Körper vorhandenen Kohlehydratreserven aufgebraucht, so dass bei der Energiegewinnung auf die Fettreserven zurückgegriffen wird. Das führt, wenn man nicht entsprechend trainiert ist, zum kompletten körperlichen Zusammenbruch. Und auch wenn man das Ganze physisch gut meistern kann, ist der entsprechende Wille, durchzuhalten, gefordert. An irgendeinem Punkt hört jede MarathonläuferIn ein fieses inneres Stimmchen, das intensiv dazu rät, jetzt einfach aufzuhören. Auch reine Hobbyläufer müssen diese Distanz deshalb sehr ernsthaft und nach Plan trainieren. Man muss etwa 12 Wochen Vorbereitung einplanen, aber das reicht auch nur dann, wenn man vorher schon mehrere Jahre Ausdauersport betrieben hat. Im täglichen Leben bedeutet das für die Hobbyläuferin eine enorme Selbstdisziplin und auch eine gewisse Lust an Quälerei, um den Trainingsplan mit Arbeit, Familie und anderen Beschäftigungen in Einklang zu bringen. Es führt dazu dass man vor der Arbeit früh um 6:00 - im Winter im Dunkeln und auch bei Schneefall - die vom Trainingsplan geforderten 22 km läuft oder sich im Hochsommer abends durch 10 x 1000 m Intervalle im schnellen Tempo quält, während der gesamte Bekanntenkreis sich gemütlich im Biergarten verabredet hat. Freizeitaktivitäten werden dem Trainingsplan untergeordnet, Urlaubsziele werden entsprechend ausgesucht ob es dort auch ordentliche Laufmöglichkeiten gibt. Freunde und Verwandte halten einen zunehmend für wahnsinnig, manche lassen sich aber sogar ein bißchen anstecken. Die Belohnung dafür aber ist einzigartig, wenn man es durchs Ziel – am besten in der angepeilten Zielzeit – geschafft hat und seine hart verdiente Finishermedaille umgehängt bekommen hat. Manchen fällt es schwer, sich unmittelbar nach dem Zieleinlauf weiter zu bewegen, Treppensteigen kann nach einem Marathonlauf eine ungewohnte Herausforderung werden, die meisten –auch gut Trainierten – plagt danach ein gewaltiger Muskelkater, da die in den Muskeln gebildete Laktatmenge enorm ist. Das ist aber Nichts gegen das Gefühl, diese lange Strecke geschafft zu haben, eine Siegesbotschaft für sich getragen zu haben und das in einer über 2000jährigen Tradition, wiederbelebt im späten 19. Jahrhundert. Endorphine pur!

Die ganze Faszination ist am ehesten bei einer Teilnahme am originalen Athen Marathon wahrnehmbar, auch wenn die Streckenführung durch die Vororte Athens nicht unbedingt begeisternd schöne Landschaftserlebnisse bereit hält. Man wird ab 5:30 in der Früh vom Veranstalter mit Bussen nach Marathon gefahren und wartet dort mit den anderen nach und nach eintreffenden Teilnehmern in der Dämmerung auf den Start. Die Sonne geht über dem Meer auf und man meint fast, die Flotte der Perser irgendwo am Horizont noch erahnen zu können. Dann folgen die Vorbereitungen zur „Schlacht": ein bißchen Aufwärmen, Einlaufen, noch schnell mal zum Dixiklo, etwas Trinken, vielleicht eine halbe Banane essen. Schließlich sucht man sich seinen Platz in der Phalanx, äh, in seinem Startblock und bei den ersten Laufschritten mag man sich den Geschoßhagel der Perser vorstellen. Schon nach 5 km kommt ein weiterer Gänsehautmoment: man umrundet den Grabhügel der gefallenen Athener. Auch wenn er das vielleicht nicht wirklich ist, wenn man die strengsten wissenschaftlichen Maßstäbe anlegt, es ist nun einmal der Ort, an dem die Legende hängt und das macht ihn wichtig und besonders. Durch die Ebene von Marathon zum ersten (noch leichten) Anstieg am Heerlager der

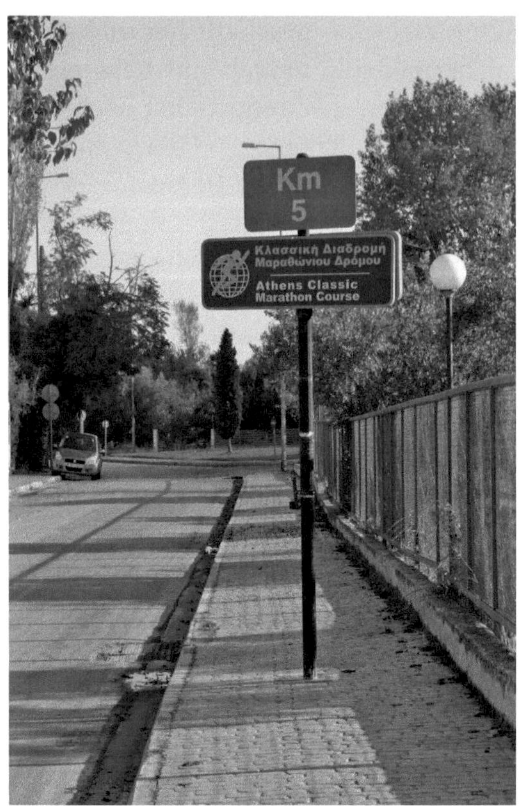

Abb. 24. Straßenschild an der Landstraße zwischen Marathon und Athen.

Griechen unweit von Nea Makri, wo 2018 verheerende Waldbrände Todesopfer gefordert haben und wo man den Gebäuden noch die Spuren dieser Katastrophe ansieht. Es geht auf einer zugegebenermaßen ziemlich scheußlichen vierspurige Landstraße, durch die ziemlich scheußlichen Suburbien des Städtemolochs Athen, aber an der Strecke stehen zahllose Kinder, herausgeputzt in ihrer Sonntagskleidung, denen von ihren Eltern und Großeltern die Geschichte des Marathonlaufes erzählt wird und die selbst

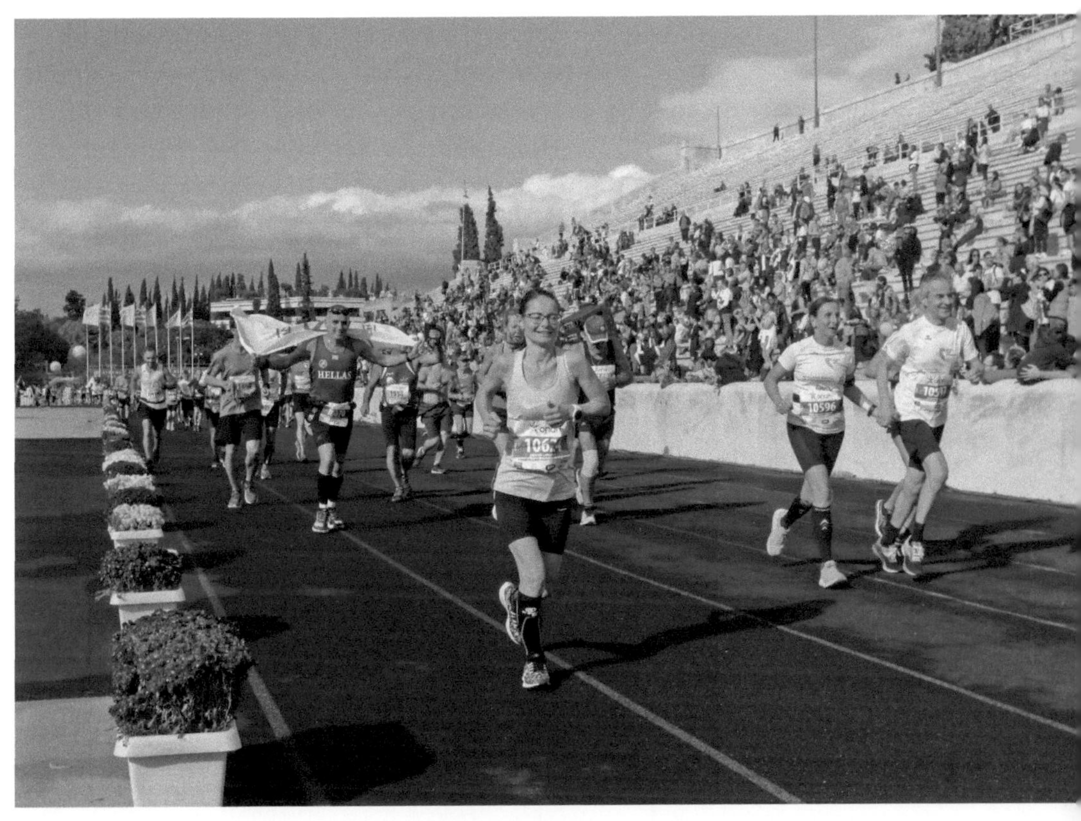

Abb. 25. Zieleinlauf beim Athens Authentics Marathon 2019.

voller Stolz ihre beim Kinderlauf errungenen Medaillen um den Hals tragen. Bauern in der Marathonia drücken einem Olivenzweige in die Hände oder bieten einem – einfach so, außerhalb der offiziellen Verpflegungsstationen – Mandeln, Feigen, Kekse oder auch dunkle Schokolade an. Jeder km ist durch ein fest installiertes Straßenschild markiert – hier gibt es keine Papp-Aufsteller wie bei anderen Stadtläufen! Etwa bei km 22 passiert man eine künstlerisch etwas verunglückte Statue eines Läufers genau an

der Stelle, an der Spyridon Louis 1896 die Führung übernommen hatte. Ab km 32 geht es dann nur noch bergab,
da rollt es sich fast von alleine nach Athen hinein. Der
unbestrittene Höhepunkt ist dann der Zieleinlauf im Panathinaiko-Stadion, aus wunderschönem Marmor errichtet, das Kallimarmaro, wo Griechenland seinen Spyridon
Louis bejubelt hatte und man heute auch beklatscht wird,
wenn man 2 Stunden nach dem Sieger eintrifft - wer da
keine Gänsehaut bekommt! Unvergesslich ist schließlich
auch der Abend nach dem Lauf in der Plaka, der Altstadt
von Athen. Mit seiner finishermedaille um den Hals wird
man von griechischen Tavernenwirten beglückwünscht,
die einem voller Stolz erklären, dass es nur einen wich-
tigen Marathonlauf auf der Welt überhaupt gibt (New
York – wo ist das ... ?) und ein buntes Läuferfest mit Teilnehmern aus der ganzen Welt feiern kann, denen es am
Herzen lag, einmal diesen legendären Lauf an seinem Ur-
sprungsort gelaufen zu sein.

Literaturhinweise

D. W. Engels, Alexander the Great and the Logistics of the Macedonian Army. Los Angeles 1978.

J. A. S. Evans, Herodotus and the battle of Marathon. In: Historia 42, 1993, 279–307.

M. Flashar, Die Sieger von Marathon – zwischen Mythisierung und Vorbildlichkeit. In: M. Flashar/H.-J. Gehrke/E. Heinrich (Hrsg.), Retrospektive. Konzepte von Vergangenheit in der griechisch-römischen Antike. München 1996, 63–85.

J. Foden, 252 km von Athen nach Sparta: Auf den Spuren von Pheidippides. In: Spiridon 9, 1983, 41.

J. P. Franz, Krieger, Bauen, Bürger. Untersuchungen zu den Hopliten der archaischen und klassischen Zeit. Frankfurt/M. 2002.

H.-J. Gehrke, Marathon (490 v. Chr.) als Mythos. Von Helden und Barbaren. In: G. Krumeich/S. Brandt (Hrsg.) Schlachtenmythen. Ereignis-Erzählung. Köln/Weimar/Wien 2003, 19–32.

H. W. Giessen, Mythos Marathon. Von Herodot über Bréal bis zur Gegenwart. Landau 2010.

M. Jung: Marathon und Plataiai. Zwei Perserschlachten als „lieux de mémoire" im antiken Griechenland, In: Hypomnemata, Band 164 (2006), S. 181–190.

Y. Kempen, Krieger, Boten und Athleten. St. Augustin 1992.

H. Koch, Es kündet Dareios der König. Vom Leben im persischen Großreich. Mainz 1992.

P. Krentz, The battle of Marathon. New Haven/London 2010.

J. Lazenby, The Killing Zone, in: V. D. Hanson (Hrsg.), Hoplites. The Classical Greek Battle Experience. London 1991, S. 87–109.

H. M. Lee, Modern Ultra-long Distance Running and Philippides run from Athens to Sparta. Ancient World 9, 1984, 107–113.

S. Marinatos, Further news from Marathon. In: Archaiologika Analekta ex Athenon 3, 1970, 153-166.

J. Matthews, The hemerodromoi. Ultra Long-Distance Running in Antiquity. In: Classical World 68, 1974, 161–169.

A. Mersch, Archäologischer Kommentar zu den „Gräbern der Athener und Plataier" in der Marathonia. In: Klio 77, 1995, 55–64.

H. Murakami, Wovon ich rede, wenn ich vom Laufen rede. München 2010.

S. von Opel/M. Reusse, Das neue Marathon-Training. München 2014.

E. Rödiger-Diruf, Carl Rottmann im Zeitvergleich. Aspekte der Deutung von Licht- und Wetter-Phänomenen in der Landschaftsmalerei zwishen 1800 und 1850. In: Ch. Heilmann/E. Rödiger-Diruf (Hrsg.), Carl Rottmann 1797–1859. Hofmaler König Ludwigs I. (München 1998), 31–48.

M. Politycki, 42,195. Warum wir Marathon laufen und was wir dabei denken. München 2017.

G. Schläbitz Erster Spartathlon – 250 Kilometer von Athen nach Sparta. In: Condition 14, 1983, 28–36.

H. Schliemann, Das sogenannte Grab der 192 Athener in Marathon. In: Zeitschrift für Ethnologie 1884, 85–88.

H. Schulze, Archäologie eines Schlachtfeldes. Zeugnisse der Schlacht von Marathon. Antike Welt 2010.

V. Stais, Ο εν Μαραθώνι τύμβος. In: Mitteilungen des Deutschen Archäologischen Instituts, Athenische Abteilung 18, 1893, 46–63.

G. Steinhauer, Marathon and the Archaeological Museum, Athen 2009.

H. R. Goette und T. M. Weber, Marathon. Siedlungskammer und Schlachtfeld – Sommerfrische und olympische Wettkampfstätte. Mainz 2004.

E, Vanderpool, A monument to the battle of Marathon. In: Hesperia 11, 1942, 329–337.

N. Whately, On the Possibility of Reconstructing Marathon and other ancient Battles. In: Journal of Hellenic Studies 84, 1964, 119–139.

J. Wiesehöfer Das antike Persien. Von 550 v. Chr. bis 650 n. Chr. Düsseldorf 2005.

R. Wünsche/F. Knauß (Hrsg.), Lockender Lorbeer. Sport und Spiel in der Antike (München 2004).

Abbildungsnachweise

Umschlag. Foto Verf.
Abb. 1. Foto Verf.
Abb. 2. Graphik Verf.
Abb. 3. Foto Louvre, Paris.
Abb. 4. Foto Jastrow. Wikimedia Commons: https://commons.wikimedia.org/wiki/File:Archers_frieze_Darius_palace_Louvre_AOD487.jpg
Abb. 5. Athen, Nationalmuseum. Foto Verf.
Abb. 6. Foto Verf.
Abb. 7. Foto Bayerische Staatsgemäldesammlungen. Wikipedia: https://de.m.wikipedia.org/wiki/Datei:Arnold_B%C3%B6cklin_-_Pan_erschreckt_einen_Hirten_(1860).jpg
Abb. 8. Foto Verf.
Abb. 9. Graphik Verf.
Abb. 10. Louvre MN 704. Foto Marie-Lan Nguyen. Wikimedia Commons: https://commons.wikimedia.org/wiki/File:Hoplitodromos_Louvre_MN704.jpg
Abb. 11. Foto Verf.
Abb. 12. Graphik Verf.
Abb. 13. Foto Verf.
Abb. 14. Gemälde L. O. Merson 1896. Wikimedia Commons: https://commons.wikimedia.org/wiki/File:Phidippides.jpg
Abb. 15. Archäologisches Museum Delphi. Wikimedia Commons: https://commons.wikimedia.org/wiki/File:Kleobis_and_Biton_-_Delphi_Archaeological_Museum_by_Joy_of_Museums.jpg
Abb. 16. Foto Verf.
Abb. 17. Foto Yair Haklai. Wikimedia Commons: https://commons.wikimedia.org/wiki/file:Treasury_house_of_Athens_in_Delphi.jpg
Abb. 18. Foto Ioannis Karathanasis Miltiades Griechische Allgemeine. Kostenloses Foto Pixabay: https://pixabay.com/de/photos/miltiades-griechische-allgemeine-4521160/
Abb. 19. Vorlage: Foto von Oren Rozen. Wikimedia Commons: https://commons.wikimedia.org/wiki/File:Helmet_of_Miltiades_050911.jpg
Abb. 20. Foto Verf.
Abb. 21. Foto Bayer. Staatsgemäldesammlungen. Wikimedia Commons: https://commons.wikimedia.org/wiki/File:Carl_Anton_Joseph_Rottmann_-_Marathon_-_WGA20153.jpg
Abb. 22. Foto Verf.
Abb. 23. Foto Bundesarchiv. Wikimedia Commons: https://commons.wikimedia.org/wiki/File:Bundesarchiv_Bild_183-2003-1103-500,_Berlin,_Olympiade,_Besuch_von_Spiridon_Louis.jpg
Abb. 24. Foto Verf.
Abb. 25. Foto Athens Marathon.

Dank

You never run alone und so gilt

mein herzlicher Dank

- meiner Laufcoachin Sonja von Opel und ihrem Team, besonders Martin und Lorenz, für die ausgeklügelten Trainingspläne, Vorbildfunktion und Motivation;

- dem Opel Running Team für legendäre Laufcamps in Monte Gordo (Portugal) und extrem unterhaltsame Laufrunden durch Pinienwälder und am Strand, in den Sonnenaufgang und – untergang;

- dem Team vom Elements Fitness-Studio München Donnersberger Brücke, für all die tollen Trainigsstunden, euer „Know-How" was eine Läuferin sonst noch an Training braucht und für den Spaß, den ihr verbreitet! Besonders: Daniel, Esther, Fabian, Koen, Laura, Orhan, Patrick, Sabrina und Sandra;

- der Laufgruppe „Sport für Spenden", für euer Interesse an „History Runs" und euer Engagement;

- der Graphikerin Veronika Gebhard;

- meinem Pace-Maker, Korrektor, Redakteur, Graphiker, Buchsetzer und bestem Ehemann;

- allen, mit denen ich schon einmal zusammen laufen durfte.

runnershistory.de

Auf meinem blog seid Ihr richtig, wenn ihr euch für Geschichte und Geschichten rund ums Laufen interessiert und selbst auch mehr oder weniger regelmäßig laufend unterwegs seid!

Hier gibt es viele Stories zu entdecken, sei es zur Geschichte des Laufsports oder zu bestimmten Strecken und dem, was einem dabei begegnet. Wusstet ihr etwa, dass es im Münchner Olympiapark Straßen gibt, die nach berühmten Archäologen und nach Helden des Laufsports benannt sind, die heute aber kaum jemand mehr kennt? Die würde ich euch z. B. gerne vorstellen und vielleicht habt ihr dann Lust, diese Wege mal abzulaufen und denkt bei den Straßenschildern dann „...ach, das war doch die Story....". Auch Gebäude, Denkmäler, Pflanzen oder historische Ereignisse können euch so mit meinen Stories beim Laufen mal begegnen.

Was es dort nicht gibt: Trainingstipps, Trainingspläne, Ausrüstungstests o. ä. und richtige Laufrouten mit Anfahrtbeschreibung, Streckenlänge etc., allenfalls ein paar Tipps oder Angaben, wie ich halt gelaufen bin. Ich denke jeder kann sich – seinem Laufniveau entsprechend – seine Route da selbst aussuchen. Da ich in München lebe, steht diese Stadt und ihr Umland natürlich im Mittelpunkt, aber ab und zu bin ich auch woanders unterwegs und manchmal natürlich auch in den Bergen! Ich würde mich freuen, wenn ihr mit mir zusammen bei runnershistory laufend Neues entdeckt. Und wer nicht läuft, sondern walkt, spazieren geht oder „nur" liest, findet hier vielleicht auch das eine oder andere Wissenswerte!

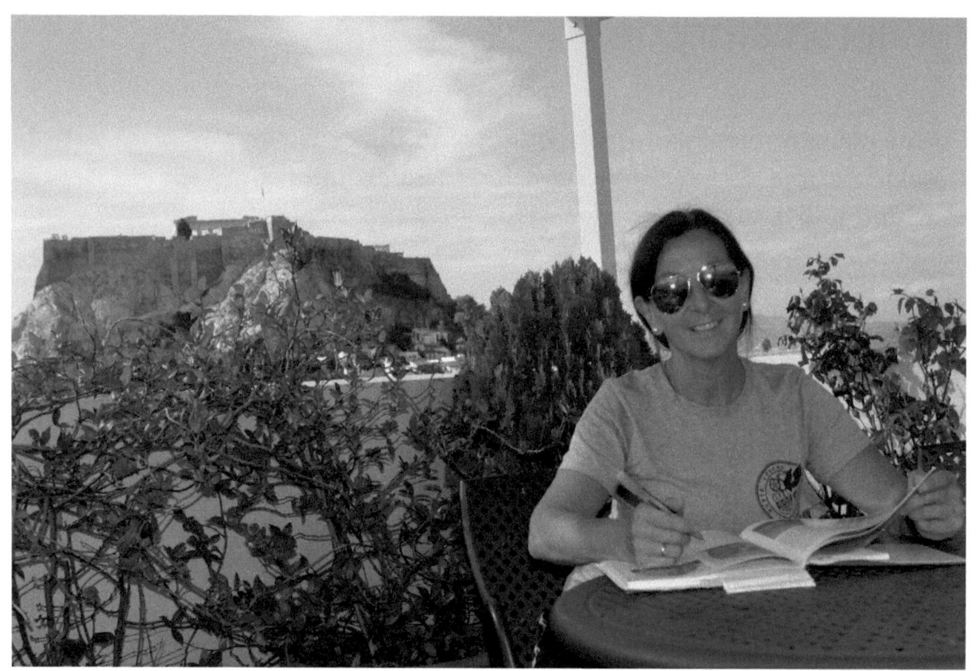

Am Fuß der Akropolis nach dem Athens Marathon 2019.